STEP 5

중2
|실력편|

내 신 필 수 어 휘 정 복 7 단 계 프 로 젝 트

WORD SCIENCE

PAGODA Books

STEP 5

내신 필수 어휘 정복 7단계 프로젝트

WORDSCIENCE

초판 1쇄 발행 2014년 10월 16일
초판 8쇄 발행 2022년 9월 9일

지 은 이 | 파고다교육그룹 언어교육연구소
펴 낸 이 | 박경실
펴 낸 곳 | Wit&Wisdom 도서출판 위트앤위즈덤
임프린트 | **PAGODA Books**
출판등록 | 2005년 5월 27일 제 300-2005-90호
주   소 | 06614 서울특별시 서초구 강남대로 419, 19층(서초동, 파고다타워)
전   화 | (02) 6940-4070
팩   스 | (02) 536-0660
홈페이지 | www.pagodabook.com

저작권자 | ⓒ 2014 위트앤위즈덤

ISBN 978-89-6281-594-8 (54740)

도서출판 위트앤위즈덤   www.pagodabook.com
파고다 어학원   www.pagoda21.com
파고다 인강   www.pagodastar.com
테스트 클리닉   www.testclinic.com

PAGODA Books는 도서출판 Wit&Wisdom의 성인 어학 전문 임프린트입니다.
낙장 및 파본은 구매처에서 교환해 드립니다.

STEP 5

내신 필수 어휘 정복 7단계 프로젝트

WORD SCIENCE

PAGODA Books

어휘력이 영어 실력의 기본!!

단어! 아무리 강조해도 지나치지 않죠? 어휘력이 곧 영어 실력입니다. 『WORD SCIENCE』 7단계 시리즈를 통해 어휘를 미리미리 학습해 두세요.

단어만 외우면 된다??

『WORD SCIENCE』는 단어와 모범예문을 원어민의 정확한 발음이 녹음된 음성과 함께 제공합니다. 음성을 들으면서 단어와 예문을 암기하다 보면 듣기는 물론 문법까지 한 번에 정복할 수 있습니다.

단어 학습도 과학!!

단어를 암기하는 방법에 따라 그 효과는 천차만별입니다. 그래서 단어암기도 과학적으로 외워야죠. 『WORD SCIENCE』는 에빙하우스의 '망각곡선 이론'에 근거하여 가장 완벽한 암기를 위해 7단계 반복학습으로 구성하였습니다. 이제 한 번 외운 단어, 끝까지 가지고 갈 수 있습니다.

내신 필수 어휘 정복 프로젝트!!

『WORD SCIENCE』는 어휘력을 차근차근 다져 나갈 수 있도록 초등 필수 어휘부터 중학 필수 어휘까지 단계별로 정리하였습니다. 아울러 온라인으로 제공하는 '어휘력 진단테스트'를 통해 자신의 어휘력을 진단해 나갈 수 있도록 구성하였습니다.

WORD SCIENCE

●●● Contents

1단계 - New Words & Practice

모르는 단어 체크하고 외우기

새로 배우는 어휘를 확인하고 쓰기 연습을
하며 암기해 봅니다.

2단계 - Sentences

단어와 문장을 듣고 따라하며, 단어 뜻 외우기

단어의 뜻을 빈칸에 적고 CD를 들으면서 따라
말해 봅니다.

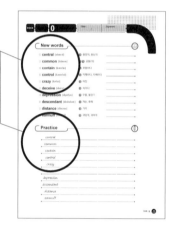

3단계 - Memory Box

어제 익힌 10 단어 암기 확인하기

어제 익힌 단어가 암기되었는지 우리말 뜻을
보면서 영어 단어를 적어 봅니다.

4단계 - Check-up

오늘 익힌 10 단어 암기 확인하기

오늘 익힌 단어의 우리말 뜻을 적으면서
점검해 봅니다.

WORD SCIENCE

5단계 - Dictation Test

30 단어 듣고 받아쓰기

3개의 Unit이 끝나면 CD를 듣고 정확한 발음을
익히며 단어와 뜻을 받아써 봅니다.

6단계 - Part Test

60 단어 암기 확인 테스트

1개의 Part가 끝나면 Part Test를 통해
중요한 60 단어를 확인합니다.

7단계 - Online Test

120 단어 Online Test

2개의 Part가 끝나면 www.pagodabook.com에
로그인하여 WORD SCIENCE 온라인 테스트를 풀어 봅니다.
채점표 결과에 나온 틀린 단어를 확인하고
다시 한 번 복습해 봅니다.

◎ 단계별 어휘력 진단 테스트도 있어요!!

한 단계가 끝나면 www.pagodabook.com에 로그인하여 어휘력 진단 테스트를 받고, 어휘력 분석을
토대로 현재의 어휘력과 문제점, 향후 학습 방향 등을 점검할 수 있습니다.

WORD SCIENCE

Part 1

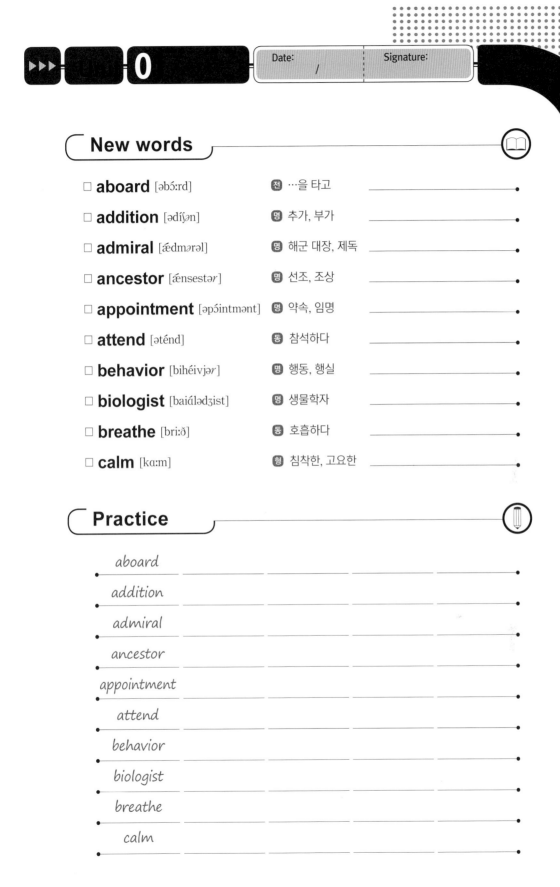

Date: /

Signature:

New words

- ☐ **aboard** [əbɔ́ːrd]   전 …을 타고
- ☐ **addition** [ədíʃən]   명 추가, 부가
- ☐ **admiral** [ǽdmərəl]   명 해군 대장, 제독
- ☐ **ancestor** [ǽnsestər]   명 선조, 조상
- ☐ **appointment** [əpɔ́intmənt]   명 약속, 임명
- ☐ **attend** [əténd]   동 참석하다
- ☐ **behavior** [bihéivjər]   명 행동, 행실
- ☐ **biologist** [baiálədʒist]   명 생물학자
- ☐ **breathe** [briːð]   동 호흡하다
- ☐ **calm** [kɑːm]   형 침착한, 고요한

Practice

- aboard
- addition
- admiral
- ancestor
- appointment
- attend
- behavior
- biologist
- breathe
- calm

Sentences

1. aboard

Are all the passengers **aboard** the ship?
승객들은 모두 배에 탑승했나요?

2. addition

He speaks three languages in **addition** to English.
그는 영어 이외에 세 가지 언어를 말한다.   · add 더하다

3. admiral

Admiral Nelson won the battle.
넬슨 제독은 전투에서 승리했다.

4. ancestor

His **ancestors** came from Norway.
그의 조상은 노르웨이에서 왔다.   · descendant 자손

5. appointment

I have an **appointment** with the dentist.
나는 치과에 예약이 있다.

6. attend

Did you **attend** the meeting yesterday?
너는 어제 모임에 참석을 했니?

7. behavior

His rude **behavior** made me angry.
그의 버릇없는 행동이 나를 화나게 했다.   · behave 행동하다

8. biologist

I want to be a marine **biologist**.
나는 해양 생물학자가 되고 싶다.   · biology 생물학

9. breathe

The doctor told me to **breathe** in slowly.
의사는 내게 천천히 숨을 들이쉬라고 말했다.   · breath 숨, 호흡

10. calm

She has a **calm** manner.
그녀는 태도가 침착하다.   · calmly 침착하게

Unit 01
Check-up

admiral
calm
ancestor
attend
breathe
aboard
behavior
appointment
biologist
addition

Date: /	Signature:

New words

- ☐ **central** [séntrəl]   형 중앙의, 중심의
- ☐ **common** [kámən]   명 형 공통(의)
- ☐ **contain** [kəntéin]   동 포함하다
- ☐ **control** [kəntróul]   동 억제하다, 지배하다
- ☐ **crazy** [kréizi]   형 미친
- ☐ **deceive** [disíːv]   동 속이다
- ☐ **depression** [dipréʃən]   명 우울, 불경기
- ☐ **descendant** [diséndənt]   명 자손, 후예
- ☐ **distance** [dístəns]   명 거리
- ☐ **earmuff** [íərmʌ̀f]   명 귀덮개, 귀마개

Practice

central

common

contain

control

crazy

deceive

depression

descendant

distance

earmuff

WORD SCIENCE

Sentences

1. central
He lives in the **central** part of London.
그는 런던의 중심 지역에 산다.
· center 중심

2. common
We don't have much in **common**.
우리는 공통점이 많지 않다.
· have in common 공통점이 있다

3. contain
Chocolate **contains** a lot of sugar.
초콜릿에는 설탕이 많이 들어 있다.

4. control
The teacher couldn't **control** her anger.
선생님은 자신의 화를 억제할 수 없었다.

5. crazy
She must be **crazy** to say so.
그녀가 그렇게 말하다니 틀림없이 미쳤다.

6. deceive
I was **deceived** into buying the old computer.
나는 속아서 그 낡은 컴퓨터를 샀다.

7. depression
Many people suffer from **depression** these days.
요즘 많은 사람들이 우울증으로 고통을 받고 있다.
· depress 우울하게 하다

8. descendant
She is a **descendant** of Queen Victoria.
그녀는 빅토리아 여왕의 후손이다.
· ancestor 조상

9. distance
We saw a dim light in the **distance**.
우리는 멀리서 희미한 불빛을 보았다.
· in the distance 저 멀리

10. earmuff
The boy is wearing **earmuffs**.
그 남자아이는 귀마개를 하고 있다.

Unit 01
Memory Box

참석하다
추가, 부가
해군 대장, 제독
선조, 조상
…을 타고
약속, 임명
행동, 행실
호흡하다
침착한, 고요한
생물학자

Unit 02
Check-up

deceive
common
depression
contain
descendant
control
distance
central
earmuff
crazy

Date: /   Signature:

New words

☐ **endangered** [endéindʒərd] 형 멸종 위기의 _____

☐ **expect** [ikspékt] 동 기대하다 _____

☐ **fasten** [fǽsn] 동 묶다, 잠그다 _____

☐ **flavor** [fléivər] 명 맛, 조미료 _____

☐ **frank** [fræŋk] 형 솔직한 _____

☐ **gain** [gein] 동 얻다, 획득하다 _____

☐ **helmet** [hélmit] 명 헬멧 _____

☐ **honey** [hʌ́ni] 명 꿀, 벌꿀 _____

☐ **imaginary** [imǽdʒənèri] 형 상상의, 가상의 _____

☐ **intention** [inténʃən] 명 의도, 목적 _____

Practice

endangered _____

expect _____

fasten _____

flavor _____

frank _____

gain _____

helmet _____

honey _____

imaginary _____

intention _____

WORD SCIENCE

▶▶▶

Sentences

1. endangered

We must protect **endangered** animals.

우리는 멸종 위기의 동물을 보호해야 한다.

· endanger 위험에 빠뜨리다

2. expect

I'm **expecting** to see you at the party.

나는 파티에서 너를 만나길 기대하고 있다.

· expectation 기대

3. fasten

She **fastened** her dog to a pole.

그녀는 개를 막대기에 묶었다.

4. flavor

Pepper gives food a spicy **flavor**.

후추를 넣으면 음식이 매운 맛이 난다.

5. frank

To be **frank**, I don't like him.

솔직히 나는 그를 좋아하지 않는다.

· to be frank 사실은

6. gain

China **gained** the land from the war.

중국은 전쟁을 통해 그 땅을 얻었다.

7. helmet

They play football wearing **helmets**.

그들은 헬멧을 쓰고 풋볼을 한다.

8. honey

Do you want some **honey** in your tea?

차에 꿀을 좀 탈까요?

9. imaginary

The boy thinks that Santa Claus is **imaginary**.

그 남자아이는 산타클로스가 없다고 생각한다.

· imagination 상상

10. intention

I have no **intention** of seeing him again.

나는 그를 다시 만날 의도가 전혀 없다.

· intend 의도하다

Unit 02

Memory Box

공통(의)
포함하다
자손, 후예
억제하다, 지배하다
중앙의, 중심의
속이다
거리
귀덮개, 귀마개
우울, 불경기
미친

Unit 03

Check-up

endangered
honey
imaginary
expect
fasten
intention
flavor
gain
helmet
frank

···▶ Dictation Test 1을 위해 106페이지로 이동해 주세요.

Date: /   Signature:

New words

- lamb [læm] 명 새끼 양의 고기 _____
- lawyer [lɔ́ːjər] 명 변호사 _____
- liberty [líbərti] 명 자유 _____
- load [loud] 동 (짐을) 싣다 _____
- magazine [mæ̀gəzíːn] 명 잡지 _____
- medium [míːdiəm] 명 형 중간(의) _____
- microphone [máikrəfòun] 명 마이크 _____
- motion [móuʃən] 명 운동, 활동 _____
- nickname [níknèim] 명 별명 _____
- offer [ɔ́(ː)fər] 동 제공하다, 권하다 _____

Practice

- lamb _____
- lawyer _____
- liberty _____
- load _____
- magazine _____
- medium _____
- microphone _____
- motion _____
- nickname _____
- offer _____

Sentences

1. **lamb**
   We had roast **lamb** for lunch.
   우리는 점심으로 구운 양고기를 먹었다.

2. **lawyer**
   The **lawyer** has many clients.
   그 변호사는 의뢰인이 많다.

3. **liberty**
   Give me **liberty** or give me death.
   나에게 자유를 달라 아니면 죽음을 달라.

4. **load**
   They **loaded** the furniture into the truck.
   그들은 가구를 트럭에 실었다.

5. **magazine**
   My father is reading a golf **magazine**.
   우리 아버지는 골프 잡지를 읽고 계신다.

6. **medium**
   Can I have a **medium** coke?
   중간 크기의 콜라를 주실래요?

7. **microphone**
   The principal spoke into the **microphone**.
   교장 선생님은 마이크에 대고 말씀을 하셨다.

8. **motion**
   They showed the goal in slow **motion**.
   그들은 느린 동작으로 골 장면을 보여주었다.

9. **nickname**
   His **nickname** is "Big Mouth".
   그의 별명은 '수다쟁이' 이다.

10. **offer**
    He **offered** her an orange.
    그는 그녀에게 오렌지를 권했다.

Memory Box — Unit 03

기대하다
얻다, 획득하다
묶다, 잠그다
맛, 조미료
솔직한
멸종 위기의
헬멧
상상의, 가상의
의도, 목적
꿀, 벌꿀

Check-up — Unit 04

medium
lawyer
microphone
nickname
offer
lamb
motion
liberty
magazine
load

Date: /   Signature:

New words

- □ **passenger** [pǽsəndʒər] 명 승객 _____
- □ **pitch** [pitʃ] 동 던지다, 치다 _____
- □ **popular** [pɑ́pjələr] 형 인기 있는, 대중적인 _____
- □ **preserve** [prizə́ːrv] 동 보존하다, 보호하다 _____
- □ **professional** [prəféʃənəl] 형 전문의, 직업의 _____
- □ **provide** [prəváid] 동 주다, 제공하다 _____
- □ **reduce** [ridjúːs] 동 줄이다, 축소하다 _____
- □ **republic** [ripʌ́blik] 명 공화국 _____
- □ **reward** [riwɔ́ːrd] 동 보답하다 _____
- □ **route** [ruːt] 명 길, 도로 _____

Practice

- passenger _____
- pitch _____
- popular _____
- preserve _____
- professional _____
- provide _____
- reduce _____
- republic _____
- reward _____
- route _____

WORD SCIENCE ▶▶▶

Sentences

1. **passenger**

   I was the only **passenger** in the bus.
   버스에 승객은 나 혼자뿐이었다.

2. **pitch**

   I **pitched** my tent under a tree.
   나는 나무 아래에 텐트를 쳤다.

3. **popular**

   This novel is **popular** among the girls.
   이 소설은 소녀들 사이에서 인기가 있다.   · popularity 인기

4. **preserve**

   We must **preserve** the environment.
   우리는 환경을 보존해야만 한다.   · preservation 보존

5. **professional**

   I got **professional** advice from a lawyer.
   나는 변호사로부터 전문적인 조언을 받았다.

6. **provide**

   She **provided** food for the poor.
   그녀는 가난한 사람들에게 음식을 제공했다.

7. **reduce**

   The store **reduced** its prices.
   그 상점은 가격을 낮추었다.   · reduction 축소

8. **republic**

   South Korea is a **republic**.
   남한은 공화국이다.

9. **reward**

   Hard work **rewarded** him with success.
   그는 근면하여 그 보답으로 성공을 했다.

10. **route**

    What is the quickest **route** to the station?
    정거장까지 가장 빠른 길은 무엇인가요?

Unit 04
Memory Box

변호사
자유
새끼 양의 고기
(짐을) 싣다
제공하다, 권하다
잡지
운동, 활동
중간(의)
별명
마이크

Unit 05
Check-up

popular
route
preserve
republic
professional
reward
provide
reduce
passenger
pitch

New words

- ☐ **scary** [skέəri]   형 무서운
- ☐ **series** [síəri:z]   명 연속, 시리즈
- ☐ **sightsee** [sáitsì:]   동 관광하다
- ☐ **spaghetti** [spəgéti]   명 스파게티
- ☐ **spare** [spέər]   형 여분의 동 아끼다
- ☐ **success** [səksés]   명 성공
- ☐ **technique** [tekní:k]   명 기술, 테크닉
- ☐ **threaten** [θrétn]   동 위협하다
- ☐ **tumble** [tʌ́mbəl]   동 넘어지다
- ☐ **wheat** [hwi:t]   명 밀, 소맥

Practice

scary

series

sightsee

spaghetti

spare

success

technique

threaten

tumble

wheat

Sentences

1. scary

It is **scary** to be alone in the dark.
어둠 속에 혼자 있는 것은 무섭다.

· scare 놀라게 하다

2. series

The famous scientist gave a **series** of lectures.
그 유명한 과학자는 연속으로 강의를 했다.

· a series of 일련의

3. sightsee

We went **sightseeing** in Venice.
우리는 베니스로 관광을 갔다.

4. spaghetti

I had some **spaghetti** for lunch.
나는 점심으로 스파게티를 좀 먹었다.

5. spare

We don't have any **spare** room.
방이 남는 게 없습니다.

6. success

I wish you **success** with your studies.
당신이 학업에 성공하기를 바랍니다.

· succeed 성공하다

7. technique

The pianist's **technique** was perfect.
그 피아니스트의 테크닉은 완벽했다.

8. threaten

The forest fire **threatened** the village.
숲에 난 화재가 마을을 위협했다.

· threatening 협박하는

9. tumble

He **tumbled** down the steps.
그는 계단 아래로 굴러 떨어졌다.

10. wheat

The **wheat** crop was good last year.
작년에는 밀 수확이 좋았다.

Unit 05

Memory Box

주다, 제공하다
던지다, 치다
인기 있는, 대중적인
보존하다, 보호하다
승객
공화국
보답하다
길, 도로
줄이다, 축소하다
전문의, 직업의

Unit 06

Check-up

success
technique
scary
series
wheat
spaghetti
threaten
sightsee
tumble
spare

···▸ Dictation Test 2를 위해 107페이지로 이동해 주세요.

Signature: | Score:
/ 50

A Write down the meanings of the English words.

1. scary

2. popular

3. appointment

4. biologist

5. central

6. aboard

7. reward

8. control

9. depression

10. expect

11. success

12. frank

13. imaginary

14. lawyer

15. microphone

16. nickname

17. professional

18. reduce

19. sightsee

20. threaten

B Write the English words for the Korean.

1. 행동, 행실

2. 자손, 후예

3. 추가, 부가

4. 길, 도로

5. 호흡하다

6. 공통(의)

7. 주다, 제공하다

8. 공화국

9. 연속, 시리즈

10. 기술, 테크닉

11. 밀, 소맥

12. 여분의, 아끼다

13. 속이다

14. 묶다, 잠그다

15. 보존하다, 보호하다

16. 꿀, 벌꿀

17. 의도, 목적

18. (짐을) 싣다

19. 운동, 활동

20. 제공하다, 권하다

C Choose the right words to fill in the blanks.

passenger	tumbled	endangered	earmuffs	contains
aboard	distance	liberty	flavor	medium

1. We saw a dim light in the _____.

2. Are all the passengers _____ the ship?

3. He _____ down the steps.

4. We must protect _____ animals.

5. Pepper gives food a spicy _____.

6. Chocolate _____ a lot of sugar.

7. Give me _____ or give me death.

8. The boy is wearing _____.

9. Can I have a _____ coke?

10. I was the only _____ in the bus.

WORD SCIENCE

Part 2

Part 2

Date: /   Signature:

New words

- ☐ **anxious** [æŋkʃəs] 형 걱정스러운 ──────────•
- ☐ **assignment** [əsáinmənt] 명 숙제, 할당 ──────────•
- ☐ **attention** [əténʃən] 명 주의, 주목 ──────────•
- ☐ **bay** [bei] 명 만 ──────────•
- ☐ **belong** [bilɔ́(:)ŋ] 동 속하다 ──────────•
- ☐ **campaign** [kæmpéin] 명 선거 운동, 캠페인 ──────────•
- ☐ **childhood** [tʃáildhùd] 명 어린 시절 ──────────•
- ☐ **clue** [kluː] 명 실마리, 단서 ──────────•
- ☐ **compact** [kəmpǽkt] 명 콤팩트 동 압축하다 ──────────•
- ☐ **complete** [kəmplíːt] 동 완성하다 ──────────•

Practice

anxious

assignment

attention

bay

belong

campaign

childhood

clue

compact

complete

Sentences

1. anxious
She was **anxious** about the test.
그녀는 테스트를 걱정했다.
· anxiety 걱정

2. assignment
She stayed up late to finish her **assignment**.
그녀는 숙제를 끝내려고 늦게까지 깨어 있었다.

3. attention
I paid **attention** to his lecture.
나는 그의 강의에 주목했다.
· pay attention to 주의하다, 주목하다

4. bay
The ship sailed for the New York **Bay**.
그 배는 뉴욕만을 향해 항해했다.

5. belong
Who does this dictionary **belong** to?
이 사전은 누구의 것입니까?
· belong to 속하다

6. campaign
They started an election **campaign**.
그들은 선거 운동을 시작했다.

7. childhood
I had a happy **childhood**.
나는 행복한 어린 시절을 보냈다.
· childlike 어린애 같은

8. clue
The police couldn't find a **clue**.
경찰은 어떤 단서도 찾지 못했다.

9. compact
I don't use this **compact** disc player.
나는 이 CD 플레이어를 사용하지 않는다.

10. complete
The building took three years to **complete**.
그 건물은 완성하는 데 3년이 걸렸다.
· completion 완성

Unit 06
Memory Box

관광하다
연속, 시리즈
스파게티
무서운
여분의, 아끼다
성공
위협하다
밀, 소맥
기술, 테크닉
넘어지다

Unit 07
Check-up

bay
compact
belong
campaign
anxious
complete
assignment
childhood
attention
clue

Date: /   Signature:

New words

- [ ] **condition** [kəndíʃən]   명 상태, 조건 _____
- [ ] **cope** [koup]   동 대처하다 _____
- [ ] **create** [kri:éit]   동 창조하다, 만들다 _____
- [ ] **decoration** [dèkəréiʃən]   명 장식 _____
- [ ] **depth** [depθ]   명 깊이, 깊음 _____
- [ ] **diligent** [dílədʒənt]   형 근면한 _____
- [ ] **disappear** [dìsəpíər]   동 사라지다 _____
- [ ] **dizzy** [dízi]   형 현기증 나는 _____
- [ ] **earn** [əːrn]   동 벌다, 획득하다 _____
- [ ] **entrance** [éntrəns]   명 입구, 입장 _____

Practice

condition _____

cope _____

create _____

decoration _____

depth _____

diligent _____

disappear _____

dizzy _____

earn _____

entrance _____

▶▶▶

Sentences

1. condition

The old car was still in good **condition**.

그 오래된 차는 아직도 상태가 양호했다.

2. cope

How do you **cope** with stress?

너는 스트레스에 어떻게 대처하니?　　　· cope with 대처하다

3. create

God **created** the world.

신은 세계를 창조하셨다.　　　· creation 창조

4. decoration

We bought some Christmas **decorations**.

우리는 크리스마스 장식을 몇 가지 샀다.　　　· decorate 장식하다

5. depth

What is the **depth** of the pool?

이 수영장의 깊이는 얼마인가요?　　　· deep 깊은

6. diligent

He is very **diligent** in his studies.

그는 아주 열심히 공부한다.　　　· diligence 근면

7. disappear

The sun **disappeared** behind the clouds.

태양이 구름 뒤로 사라졌다.

8. dizzy

The bumper car made Mom **dizzy**.

엄마는 범퍼카를 타서 어지러웠다.　　　· dizziness 현기증

9. earn

How much does your father **earn** in a year?

너의 아버지의 1년 소득은 얼마나 되시니?　　　· earnings 소득

10. entrance

I met him at the **entrance** to the museum.

나는 박물관 입구에서 그를 만났다.　　　· enter 들어가다

Unit 07

Memory Box

완성하다
숙제, 할당
주의, 주목
걱정스러운
만
속하다
어린 시절
실마리, 단서
선거 운동, 캠페인
콤팩트, 압축하다

Unit 08

Check-up

dizzy
decoration
earn
depth
condition
entrance
cope
disappear
create
diligent

Date: /   Signature:

New words

- ☐ **fable** [féibəl]   명 우화
- ☐ **favor** [féivər]   명 호의, 친절
- ☐ **flight** [flait]   명 날기, 비행
- ☐ **freedom** [frí:dəm]   명 자유
- ☐ **handkerchief** [hǽŋkərtʃif]   명 손수건
- ☐ **hire** [háiər]   동 고용하다
- ☐ **impressive** [imprésiv]   형 인상적인
- ☐ **jury** [dʒúəri]   명 배심, 심사원
- ☐ **lawn** [lɔːn]   명 잔디
- ☐ **lifetime** [láiftàim]   명 일생, 평생

Practice

fable

favor

flight

freedom

handkerchief

hire

impressive

jury

lawn

lifetime

Sentences

1. fable

Grandma read me a **fable**.
할머니께서 나에게 우화를 하나 읽어주셨다.

2. favor

Can I ask you a **favor**?
부탁 하나 해도 될까요?　　　　　　　　　· ask a favor 부탁을 하다

3. flight

We had a smooth **flight** all the way.
우리는 도중 내내 원활한 비행을 했다.

4. freedom

She gives her children too much **freedom**.
그녀는 자녀들을 너무 자유롭게 내버려둔다.　　　· free 자유로운

5. handkerchief

He wiped his brow with a **handkerchief**.
그는 손수건으로 자기 이마를 닦았다.

6. hire

The factory **hired** many workers.
그 공장은 노동자를 많이 고용했다.

7. impressive

Their science project was very **impressive**.
그들의 과학 과제는 아주 인상적이었다.　　　· impress 감명을 주다

8. jury

There are two women among the **jury**.
배심원 중에는 여성이 두 명 있다.

9. lawn

Dad is mowing the **lawn**.
아빠가 잔디를 깎고 계신다.

10. lifetime

He saw many changes in his **lifetime**.
그는 일생 동안 많은 변화를 목격했다.

Unit 08

Memory Box

대처하다
깊이, 깊음
근면한
사라지다
창조하다, 만들다
장식
상태, 조건
벌다, 획득하다
입구, 입장
현기증 나는

Unit 09

Check-up

flight
lifetime
freedom
handkerchief
fable
hire
impressive
lawn
jury
favor

····▸ Dictation Test 3를 위해 108페이지로 이동해 주세요.

Date: /　　Signature:

New words

- ☐ **local** [lóukəl]　　형 지방의, 고장의 ——————————•
- ☐ **mainly** [méinli]　　부 주로, 대게 ——————————•
- ☐ **mild** [maild]　　형 온화한 ——————————•
- ☐ **movement** [múːvmənt]　　명 움직임, 운동 ——————————•
- ☐ **nonstop** [nánstáp]　　형 직행의, 직행으로 ——————————•
- ☐ **obey** [oʊbéi]　　동 복종하다 ——————————•
- ☐ **operate** [ápərèit]　　동 작동하다 ——————————•
- ☐ **oyster** [ɔ́istər]　　명 굴 ——————————•
- ☐ **patch** [pætʃ]　　명 헝겊조각, 안대 ——————————•
- ☐ **possible** [pásəbəl]　　형 가능한 ——————————•

Practice

local
mainly
mild
movement
nonstop
obey
operate
oyster
patch
possible

Sentences

1. local

I went to the **local** library.

나는 지방 도서관에 갔다.
· locally 지방적으로

2. mainly

He eats **mainly** vegetables.

그는 주로 채소를 먹는다.
· main 주요한

3. mild

A **mild** winter is not very cold and snowy.

온화한 겨울은 그다지 춥지도 눈이 많이 내리지도 않는다.

4. movement

The old man's **movement** is very slow.

그 나이 많은 남자의 움직임은 아주 느리다.
· move 움직이다

5. nonstop

She made a **nonstop** flight to Alaska.

그녀는 알라스카까지 직행 비행을 했다.

6. obey

You must **obey** your parents.

너는 부모님께 순종해야 한다.

7. operate

It is easy to **operate** this machine.

이 기계를 작동하는 것은 쉽다.
· operation 조작, 수술

8. oyster

Have you ever tried raw **oysters**?

지금까지 생굴을 먹어본 적이 있나요?

9. patch

Mom sewed a **patch** on my jeans.

엄마께서 내 청바지에 헝겊조각을 꿰매셨다.

10. possible

Is it **possible** to go to the island by car?

자동차로 그 섬에 가는 것이 가능한가요?
· possibility 가능성

Unit 09
Memory Box

자유
손수건
우화
고용하다
호의, 친절
날기, 비행
인상적인
일생, 평생
배심, 심사원
잔디

Unit 10
Check-up

mild
patch
movement
nonstop
obey
local
mainly
operate
possible
oyster

Date: /　　Signature:

New words

- ☐ **pray** [prei]　동 기도하다　_____
- ☐ **press** [prəs]　동 누르다　_____
- ☐ **prepare** [pripέər]　동 준비하다　_____
- ☐ **public** [pʌ́blik]　형 공공의, 공중의　_____
- ☐ **publish** [pʌ́bliʃ]　동 출판하다, 발표하다　_____
- ☐ **rather** [rǽðər]　부 오히려　_____
- ☐ **refer** [rifə́ːr]　동 언급하다, 조회하다　_____
- ☐ **request** [rikwést]　명 요구　_____
- ☐ **rule** [ruːl]　명 규칙　_____
- ☐ **scientific** [sàiəntífik]　형 과학적인　_____

Practice

pray _____

press _____

prepare _____

public _____

publish _____

rather _____

refer _____

request _____

rule _____

scientific _____

Sentences

1. **pray**
We **prayed** for his safe return.
우리는 그가 안전하게 돌아오길 기도했다.
· prayer 기도

2. **press**
The baby **pressed** her face against the window.
그 여자아기는 자기 얼굴을 창문에 대고 눌렀다.

3. **prepare**
Mom is **preparing** lunch in the kitchen.
엄마는 부엌에서 점심을 준비하고 계신다.
· preparation 준비

4. **public**
Smoking is not allowed in **public** places.
흡연은 공공장소에서 허락되지 않는다.
· publicly 공공연히

5. **publish**
They **published** a new grammar book.
그들은 새 문법책 한 권을 출판했다.
· publication 출판

6. **rather**
I would have pizza **rather** than spaghetti.
나는 스파게티보다 오히려 피자를 먹겠다.

7. **refer**
Who are you **referring** to?
너는 누구를 언급하고 있는 거니?
· refer to 언급하다

8. **request**
They made a **request** for money.
그들은 돈을 요구했다.

9. **rule**
Do you know the **rules** about the game?
너는 그 경기의 규칙을 알고 있니?

10. **scientific**
We carried out a **scientific** experiment.
우리는 과학 실험을 실행했다.
· scientist 과학자

Unit 10
Memory Box

움직임, 운동
직행의, 직행으로
복종하다
작동하다
온화한
주로, 대개
굴
지방의, 고장의
헝겊조각, 안대
가능한

Unit 11
Check-up

rather
pray
refer
public
request
prepare
rule
press
scientific
publish

Date: /   Signature:

New words

- □ **serious** [síəriəs]   형 심각한, 진지한 _____
- □ **slave** [sleiv]   명 노예 _____
- □ **spank** [spæŋk]   동 찰싹 때리다 _____
- □ **squeeze** [skwi:z]   동 짜다, 짜내다 _____
- □ **steal** [sti:l]   동 훔치다 _____
- □ **temperature** [témprətʃər]   명 온도, 기온 _____
- □ **trade** [treid]   명 동 무역(하다) _____
- □ **turkey** [tə́:rki]   명 칠면조 _____
- □ **via** [váiə]   전 …을 경유로 _____
- □ **wild** [waild]   형 야생의, 거친 _____

Practice

serious		
slave		
spank		
squeeze		
steal		
temperature		
trade		
turkey		
via		
wild		

WORD SCIENCE

▶▶▶

Sentences

1. **serious**

   Are you **serious** about taking piano lessons?
   진심으로 피아노 레슨을 받으려는 거니?   · seriousness 진심

2. **slave**

   He was treated like a **slave**.
   그는 노예처럼 취급받았다.   · slavery 노예 상태

3. **spank**

   She tries not to **spank** her children.
   그녀는 아이들을 때리지 않으려고 애쓴다.

4. **squeeze**

   She **squeezed** an orange to make juice.
   그녀는 주스를 만들려고 오렌지를 짰다.

5. **steal**

   His money has been **stolen**.
   그는 돈을 도난 당했다.   · steal-stole-stolen

6. **temperature**

   The **temperature** reached 35 degrees Celsius.
   온도가 섭씨 35도에 이르렀다.

7. **trade**

   Korea **trades** with many different countries.
   한국은 많은 다른 국가와 무역을 한다.

8. **turkey**

   They eat **turkey** on Thanksgiving Day.
   그들은 추수 감사절에 칠면조를 먹는다.

9. **via**

   The plane flew to New York **via** Alaska.
   그 비행기는 알라스카를 경유해 뉴욕으로 갔다.

10. **wild**

    Look at those beautiful **wild** flowers!
    저 아름다운 야생화들을 봐!

Unit 11

Memory Box

규칙
과학적인
기도하다
준비하다
공공의, 공중의
출판하다, 발표하다
오히려
언급하다, 조화하다
요구
누르다

Unit 12

Check-up

temperature
serious
trade
slave
turkey
spank
wild
squeeze
via
steal

···▶ Dictation Test 4를 위해 109페이지로 이동해 주세요.

A Write down the meanings of the English words.

1. rather		11. jury	
2. belong		12. local	
3. compact		13. mild	
4. anxious		14. patch	
5. public		15. via	
6. condition		16. dizzy	
7. diligent		17. pray	
8. fable		18. request	
9. hire		19. serious	
10. spank		20. temperature	

B Write the English words for the Korean.

1. 사라지다		11. 노예	
2. 어린 시절		12. 인상적인	
3. 숙제, 할당		13. 잔디	
4. 훔치다		14. 주로, 대개	
5. 완성하다		15. 작동하다	
6. 장식		16. 출판하다, 발표하다	
7. 가능한		17. 언급하다, 조회하다	
8. 입구, 입장		18. 과학적인	
9. 누르다		19. 무역(하다)	
10. 자유		20. 야생의, 거친	

C Choose the right words to fill in the blanks.

| created | favor | flight | depth | preparing |
| attention | squeezed | clue | obey | movement |

1. The police couldn't find a _____.

2. God _____ the world.

3. I paid _____ to his lecture.

4. What is the _____ of the pool?

5. We had a smooth _____ all the way.

6. Mom is _____ lunch in the kitchen.

7. Can I ask you a _____?

8. The old man's _____ is very slow.

9. You must _____ your parents.

10. She _____ an orange to make juice.

···▸ Online Test 1을 위해 118페이지로 이동해 주세요.

WORD SCIENCE

Part 3

Part 3

New words

- ☐ **adjust** [ədʒʌ́st]   동 조절하다
- ☐ **appearance** [əpíərəns]   명 생김새, 출현
- ☐ **athletic** [æθlétik]   형 운동의
- ☐ **awake** [əwéik]   형 깨어 있는   동 깨우다
- ☐ **better** [bétər]   형 차도가 있는
- ☐ **broadcast** [brɔ́:dkæst]   동 방송하다
- ☐ **certain** [sə́:rtən]   형 확실한
- ☐ **charity** [tʃǽrəti]   명 자비, 자선
- ☐ **conductor** [kəndʌ́ktər]   명 지휘자, 안내자
- ☐ **correct** [kərékt]   형 옳은, 정확한

Practice

adjust

appearance

athletic

awake

better

broadcast

certain

charity

conductor

correct

WORD SCIENCE

▶▶▶

Sentences

1. adjust

I **adjusted** the height of the chair.

나는 의자의 높이를 조절했다.

· adjustment 조절

2. appearance

His new glasses changed his **appearance**.

그의 새 안경이 외모를 달라 보이게 했다.

· appear 보이다, 나타나다

3. athletic

The joggers are wearing **athletic** clothes.

조깅하는 사람들은 운동복을 입고 있다.

· athlete 경기자

4. awake

The little kids are still **awake**.

어린애들은 아직 잠을 안 자고 있다.

5. better

I hope you will get **better** soon.

당신이 어서 건강해 지기를 바랍니다.

6. broadcast

The MBC **broadcasts** the news at 9 p.m.

MBC는 오후 9시에 뉴스를 방영한다.

7. certain

It's not **certain** that they will come.

그들이 올지는 확실하지 않다.

· certainly 확실히

8. charity

Charity begins at home.

자비는 내 집부터 시작한다.

· charitable 자비로운

9. conductor

She is the **conductor** of the orchestra.

그녀는 오케스트라의 지휘자이다.

· conduct 지휘하다

10. correct

All your answers are **correct**.

네 답은 모두 옳다.

· wrong 잘못된

Memory Box

Unit 12

온도, 기온
무역(하다)
짜다, 짜내다
심각한, 진지한
훔치다
노예
찰싹 때리다
…을 경유로
야생의, 거친
칠면조

Check-up

Unit 13

charity
athletic
better
awake
broadcast
certain
adjust
conductor
appearance
correct

New words

- ☐ **cricket** [kríkit] 명 크리켓
- ☐ **definition** [dèfəníʃən] 명 정의, 한정
- ☐ **depend** [dipénd] 동 의지하다
- ☐ **dew** [dju:] 명 이슬
- ☐ **discover** [diskÁvər] 동 발견하다
- ☐ **dot** [dɑt] 명 점, 소량
- ☐ **dough** [dou] 명 가루 반죽
- ☐ **education** [èdʒukéiʃən] 명 교육, 양성
- ☐ **effect** [ifékt] 명 영향, 효과
- ☐ **erupt** [irÁpt] 동 분출하다

Practice

cricket

definition

depend

dew

discover

dot

dough

education

effect

erupt

Sentences

1. cricket
We watched a **cricket** match.
우리는 크리켓 경기를 관람했다.

2. definition
He explained the **definition** of the word.
그는 단어의 정의를 설명했다.
· define 정의하다

3. depend
He still **depends** on his parents for money.
그는 아직까지도 부모님에게 돈을 의지한다.
· depend on 의지하다

4. dew
The grass was wet with **dew**.
풀이 이슬로 젖어 있었다.

5. discover
When did Columbus **discover** America?
콜럼버스는 언제 아메리카대륙을 발견했나요?
· discovery 발견

6. dot
The birds were black **dots** in the distance.
새들은 저 멀리서는 검은 점에 불과했다.

7. dough
Mom made bread with some **dough**.
엄마는 가루 반죽으로 빵을 만드셨다.

8. education
College **education** usually takes four years.
대학 교육은 대개 4년 걸린다.
· educate 교육하다

9. effect
Pollution has a bad **effect** on our health.
오염은 우리 건강에 나쁜 영향을 끼친다.

10. erupt
The volcano is going to **erupt** soon.
그 화산은 곧 폭발할 것이다.
· eruption 폭발

Unit 13
Memory Box

깨어 있는, 깨우다
조절하다
생김새, 출현
옳은, 정확한
차도가 있는
확실한
운동의
자비, 자선
방송하다
지휘자, 안내자

Unit 14
Check-up

definition
cricket
depend
effect
dew
dough
education
discover
erupt
dot

Date: /   Signature:

New words

- **factory** [fǽktəri]   명 공장
- **float** [flout]   동 뜨다, 표류하다
- **friendship** [fréndʃip]   명 우정, 친선
- **genius** [dʒíːniəs]   명 천재
- **harm** [hɑːrm]   명 해, 손해
- **hockey** [hάki]   명 하키
- **huge** [hjuːdʒ]   형 거대한
- **indeed** [indíːd]   부 정말, 참으로
- **invite** [inváit]   동 초대하다
- **knot** [nɑt]   명 매듭

Practice

factory

float

friendship

genius

harm

hockey

huge

indeed

invite

knot

WORD SCIENCE

▶▶▶

Sentences

1. factory

The **factory** produces 500 cars a month.
그 공장은 한 달에 자동차 500대를 생산한다.

2. float

Wood **floats** on water.
나무는 물에 뜬다.

3. friendship

Our **friendship** goes back to childhood.
우리의 우정은 어린 시절로 거슬러 올라간다.   · friendly 친한

4. genius

He is a musical **genius**.
그는 음악의 천재이다.

5. harm

Smoking causes serious **harm** to the lungs.
흡연은 폐에 심각한 해를 끼친다.   · harmful 해로운

6. hockey

Hockey is a popular sport in Canada.
하키는 캐나다에서 인기 있는 스포츠이다.

7. huge

They live in a **huge** house.
그들은 거대한 집에 살고 있다.

8. indeed

She is very kind **indeed**.
그녀는 정말 너무 친절하다.

9. invite

I **invited** my friends to my birthday party.
나는 친구들을 내 생일 파티에 초대했다.   · invitation 초대

10. knot

He tied a **knot** in the rope.
그는 밧줄에 매듭을 묶었다.

Unit 14
Memory Box

발견하다
정의, 한정
의지하다
크리켓
이슬
교육, 양성
영향, 효과
분출하다
가루 반죽
점, 소량

Unit 15
Check-up

factory
genius
harm
float
hockey
invite
friendship
knot
huge
indeed

⋯▶ Dictation Test 5를 위해 110페이지로 이동해 주세요.

Date: / Signature:

New words

- **least** [li:st] 명 최소, 최저 ──────────
- **lift** [lift] 동 들어올리다 ──────────
- **lower** [lóuər] 형 아래쪽의 ──────────
- **major** [méidʒər] 형 주요한 ──────────
- **merry** [méri] 형 명랑한, 유쾌한 ──────────
- **microscope** [máikrouskòup] 명 현미경 ──────────
- **mission** [míʃən] 명 임무, 사명 ──────────
- **native** [néitiv] 형 출생지의, 본국의 ──────────
- **normal** [nɔ́ːrməl] 형 보통의, 정상의 ──────────
- **orbit** [ɔ́ːrbit] 명 동 궤도(를 돌다) ──────────

Practice

least		
lift		
lower		
major		
merry		
microscope		
mission		
native		
normal		
orbit		

Sentences

1. least

The MP3 will cost at **least** 20 dollars.

그 MP3는 비용이 최소한 20달러가 될 것이다.

· at least 적어도

2. lift

I can't **lift** this heavy box.

나는 이 무거운 상자를 들어올릴 수 없다.

3. lower

She bit her **lower** lip.

그녀는 아랫입술을 깨물었다.

· upper 위쪽의

4. major

He played a **major** role in the project.

그는 그 프로젝트에서 중요한 역할을 했다.

· minor 중요하지 않은

5. merry

We wish you a **merry** Christmas!

즐거운 크리스마스 되세요!

6. microscope

I looked at the germs through a **microscope**.

나는 현미경으로 미생물을 보았다.

7. mission

They were sent on a **mission** to the moon.

그들은 임무를 띠고 달에 보내졌다.

· on a mission 임무를 띠고

8. native

He returned to his **native** country.

그는 태어난 조국으로 되돌아갔다.

9. normal

Heavy snow is **normal** in this region.

많은 눈은 이 지역에서는 보통이다.

· normally 보통은

10. orbit

The earth **orbits** the sun.

지구는 태양 주위를 돈다.

Unit 15

Memory Box

뜨다, 표류하다
우정, 친선
천재
해, 손해
하키
공장
초대하다
매듭
거대한
정말, 참으로

Unit 16

Check-up

merry
lift
microscope
least
lower
major
native
mission
orbit
normal

Date: / Signature:

New words

- ☐ **pardon** [páːrdn] 명 동 용서(하다)
- ☐ **pleasant** [plézənt] 형 좋은, 즐거운
- ☐ **prize** [praiz] 명 상, 상품
- ☐ **reach** [riːtʃ] 동 닿다, 도달하다
- ☐ **refuse** [rifjúːz] 동 거절하다
- ☐ **require** [rikwáiər] 동 필요로 하다
- ☐ **roam** [roum] 동 거닐다, 돌아다니다
- ☐ **rubble** [rʌ́bəl] 명 벽돌 조각
- ☐ **rude** [ruːd] 형 무례한
- ☐ **scream** [skriːm] 동 소리치다

Practice

pardon

pleasant

prize

reach

refuse

require

roam

rubble

rude

scream

Sentences

1. **pardon**

   I beg your **pardon** if I hurt you.
   당신을 다치게 했다면 용서하세요.

2. **pleasant**

   The weather here is very **pleasant**.
   이곳의 기후는 아주 좋다.   · pleasure 기쁨

3. **prize**

   She won the first **prize** in the competition.
   그녀는 그 대회에서 1등상을 탔다.

4. **reach**

   She couldn't **reach** the doll in the shelf.
   그녀는 선반에 있는 인형에 닿지를 못했다.

5. **refuse**

   He **refused** to give my money back.
   그는 내 돈을 되돌려 주기를 거절했다.   · refusal 거절

6. **require**

   We all **require** food and sleep.
   우리는 모두 음식과 수면이 필요하다.   · requirement 요구, 필요

7. **roam**

   We **roamed** through the woods.
   우리는 숲을 거닐었다.

8. **rubble**

   The bomb reduced the building to **rubble**.
   폭탄이 그 건물을 산산조각으로 만들었다.

9. **rude**

   His behavior was very **rude** at the party.
   파티에서 그의 행동은 아주 버릇이 없었다.   · rudeness 무례

10. **scream**

    She **screamed** when she saw a ghost.
    그녀는 유령을 보았을 때 소리를 질렀다.

Memory Box
Unit 16

아래쪽의
주요한
최소, 최저
궤도(를 돌다)
명랑한, 유쾌한
들어올리다
현미경
출생지의, 본국의
보통의, 정상의
임무, 사명

Check-up
Unit 17

refuse
pardon
rude
pleasant
reach
prize
require
roam
scream
rubble

Date: /   Signature:

New words

- **shake** [ʃeik]　　圄 흔들다
- **smart** [smɑːrt]　　혬 똑똑한
- **species** [spíːʃi(ː)z]　　명 종, 종류
- **steel** [stiːl]　　명 강철, 스틸
- **sudden** [sʌ́dn]　　명 혬 돌연(한)
- **terrific** [tərífik]　　혬 대단한, 아주 좋은
- **tightly** [táitli]　　부 단단히
- **traditional** [trədíʃənəl]　　혬 전통적인
- **volcano** [vɑlkéinou]　　명 화산
- **wisdom** [wízdəm]　　명 지혜, 슬기로움

Practice

shake

smart

species

steel

sudden

terrific

tightly

traditional

volcano

wisdom

Sentences

1. **shake**

   The girl **shook** her head hard.
   그 여자아이는 머리를 세게 흔들었다.   · shake-shook-shaken

2. **smart**

   The **smart** dog did many tricks.
   그 영리한 개는 여러 가지 묘기를 부렸다.

3. **species**

   Many **species** of fish live in the river.
   많은 종류의 물고기가 강에 살고 있다.

4. **steel**

   The doors are made of stainless **steel**.
   그 문들은 스테인리스 강철로 만들어져 있다.

5. **sudden**

   All of a **sudden** it began to pour.
   갑자기 비가 쏟아지기 시작했다.   · all of a sudden 갑자기

6. **terrific**

   That's a **terrific** idea!
   그건 정말 좋은 생각이다!

7. **tightly**

   He tied the string **tightly** around the box.
   그는 끈으로 박스를 단단히 묶었다.   · tight 단단한

8. **traditional**

   My grandfather still wears **traditional** clothes.
   우리 할아버지는 여전히 전통 복장을 하신다.   · tradition 전통

9. **volcano**

   There are many **volcanoes** in Hawaii.
   하와이에는 화산이 많다.

10. **wisdom**

    I don't think that old age brings **wisdom**.
    나이가 든다고 지혜로워진다고는 생각지 않는다.   · wise 현명한

Unit 17
Memory Box

상, 상품
필요로 하다
닿다, 도달하다
용서(하다)
거절하다
벽돌 조각
무례한
소리치다
거닐다, 돌아다니다
좋은, 즐거운

Unit 18
Check-up

terrific
shake
volcano
species
wisdom
smart
traditional
sudden
tightly
steel

····▸ Dictation Test 6를 위해 111페이지로 이동해 주세요.

Signature: | Score: | / 50

A Write down the meanings of the English words.

1. broadcast

2. charity

3. definition

4. roam

5. volcano

6. adjust

7. shake

8. dough

9. effect

10. friendship

11. huge

12. rude

13. invite

14. lower

15. mission

16. normal

17. pleasant

18. refuse

19. sudden

20. tightly

B Write the English words for the Korean.

1. 옳은, 정확한

2. 운동의

3. 확실한

4. 전통적인

5. 지혜, 슬기로움

6. 분출하다

7. 점, 소량

8. 교육, 양성

9. 천재

10. 정말, 참으로

11. 매듭

12. 닿다, 도달하다

13. 현미경

14. 소리치다

15. 출생지의, 본국의

16. 궤도(를 돌다)

17. 필요로 하다

18. 벽돌 조각

19. 똑똑한

20. 대단한, 아주 좋은

C Choose the right words to fill in the blanks.

appearance	depends	harm	merry	pardon
conductor	discover	major	factory	species

1. She is the _____ of the orchestra.

2. He still _____ on his parents for money.

3. His new glasses changed his _____.

4. When did Columbus _____ America?

5. The _____ produces 500 cars a month.

6. Smoking causes serious _____ to the lungs.

7. He played a _____ role in the project.

8. I beg your _____ if I hurt you.

9. Many _____ of fish live in the river.

10. We wish you a _____ Christmas!

WORD SCIENCE

Part 4

Date: /   Signature:

New words

- ☐ **affect** [əfékt]   동 영향을 주다 _____
- ☐ **billion** [bíljən]   명 10억 _____
- ☐ **bitter** [bítər]   형 쓴, 쓰라린 _____
- ☐ **boring** [bɔ́:riŋ]   형 지루한 _____
- ☐ **bound** [baund]   형 …행의 명 경계 _____
- ☐ **bulb** [bʌlb]   명 구, 전구 _____
- ☐ **cattle** [kǽtl]   명 소, 가축 _____
- ☐ **cheat** [tʃi:t]   동 속이다 _____
- ☐ **chore** [tʃɔ:r]   명 잡일, 허드렛일 _____
- ☐ **convenient** [kənví:niənt]   형 편리한 _____

Practice

- affect _____
- billion _____
- bitter _____
- boring _____
- bound _____
- bulb _____
- cattle _____
- cheat _____
- chore _____
- convenient _____

Sentences

1. affect
Smoking **affected** my father's health.
흡연이 우리 아버지의 건강에 나쁜 영향을 끼쳤다.

2. billion
More than one **billion** people live on the earth.
10억 이상의 사람들이 지구상에 살고 있다.   · million 백만

3. bitter
The medicine tasted **bitter**.
그 약은 쓴 맛이 났다.

4. boring
The lecture was a little **boring**.
그 강의는 조금 지루했다.   · bore 지루하게 하다

5. bound
This train is **bound** for New York.
이 기차는 뉴욕행이다.

6. bulb
The **bulb** burned out in the kitchen.
부엌의 전구가 타서 나갔다.

7. cattle
The **cattle** are grazing lazily.
소들이 한가롭게 풀을 뜯고 있다.

8. cheat
He tried to **cheat** in the exam.
그는 시험에서 부정행위를 하려고 했다.

9. chore
Dad does the **chores** before Mom gets home.
아빠는 엄마가 집에 오기 전에 잡일을 하신다.

10. convenient
The new supermarket is very **convenient**.
새 슈퍼마켓은 아주 편리하다.   · convenience 편리

Unit 18

Memory Box

종, 종류
강철, 스틸
똑똑한
흔들다
돌연(한)
대단한, 아주 좋은
단단히
화산
지혜, 슬기로움
전통적인

Unit 19

Check-up

billion
affect
bitter
cattle
bulb
cheat
boring
convenient
bound
chore

▶▶▶ **Unit 20**

Date: /   Signature:

New words

□ **crumb** [krʌm] 명 빵 부스러기

□ **decline** [dikláin] 동 사절하다

□ **delay** [diléi] 동 지체하다, 미루다

□ **doubt** [daut] 명 의심, 의혹

□ **effort** [éfərt] 명 노력, 수고

□ **evil** [íːvəl] 형 나쁜, 사악한

□ **fellowship** [félouʃip] 명 장학금, 연구비

□ **fold** [fould] 동 접다

□ **fume** [fjuːm] 명 가스, 매연

□ **harmful** [háːrmfəl] 형 해로운

Practice

crumb

decline

delay

doubt

effort

evil

fellowship

fold

fume

harmful

Sentences

1. **crumb**

   The floor was covered with **crumbs**.
   바닥은 빵 부스러기로 널려 있었다.

2. **decline**

   She **declined** his invitation.
   그녀는 그의 초대를 거절했다.

3. **delay**

   The bus **delayed** for two hours because of snow.
   눈 때문에 버스는 2시간이나 지체되었다.

4. **doubt**

   I have no **doubt** that he made the right decision.
   그가 올바른 결정을 내렸다는 것을 나는 의심하지 않는다. · doubtful 의심스러운

5. **effort**

   He made an **effort** to finish his homework.
   그는 숙제를 끝내려고 노력을 했다. · make an effort 노력하다

6. **evil**

   The knight fought with an **evil** man.
   그 기사는 사악한 사람과 싸웠다.

7. **fellowship**

   He applied for a **fellowship**.
   그는 장학금을 신청했다. · fellow 친구, 동무

8. **fold**

   Dad **folded** an airplane with the paper.
   아빠는 종이를 접어 비행기를 만드셨다.

9. **fume**

   The kitchen was full of **fumes**.
   부엌은 매연으로 가득했다.

10. **harmful**

    Strong sunlight is **harmful** to the skin.
    강한 햇빛은 피부에 해롭다. · harm 해, 손해

Memory Box
Unit 19

10억
쓴, 쓰라린
지루한
…행의, 경계
구, 전구
소, 가축
영향을 주다
잡일, 허드렛일
편리한
속이다

Check-up
Unit 20

harmful
delay
evil
fellowship
crumb
decline
effort
fold
doubt
fume

New words

- ☐ **harmony** [háːrməni] — 명 조합, 화합
- ☐ **health** [helθ] — 명 건강
- ☐ **honest** [ánist] — 형 정직한
- ☐ **identification** [aidèntəfikéiʃən] — 명 신원 확인
- ☐ **image** [ímidʒ] — 명 모습, 꼭 닮음
- ☐ **insect** [ínsekt] — 명 곤충
- ☐ **interaction** [ìntərǽkʃən] — 명 상호 작용
- ☐ **length** [leŋθ] — 명 길이
- ☐ **level** [lévəl] — 명 수준, 수평
- ☐ **lunar** [lúːnər] — 형 달의, 태음의

Practice

harmony

health

honest

identification

image

insect

interaction

length

level

lunar

Sentences

1. harmony
The different races live together in **harmony**.
서로 다른 인종들이 사이좋게 함께 생활한다.

2. health
The old man was still in good **health**.
그 노인은 여전히 건강이 좋았다.   · healthy 건강한

3. honest
She is a very **honest** person.
그녀는 아주 정직한 사람이다.   · honesty 정직

4. identification
You have to prove your **identification**.
너는 신원을 증명해야만 한다.   · identify 신원을 밝히다

5. image
That boy is the **image** of his father.
저 남자아이는 아버지를 꼭 빼닮았다.

6. insect
Spiders are not **insects**.
거미는 곤충이 아니다.

7. interaction
You need much **interaction** with the children.
당신은 아이들과 많은 상호작용이 필요하다.   · interact 상호작용하다

8. length
The table is two meters in **length**.
그 테이블은 길이가 2미터이다.   · long 긴

9. level
Chess requires a high **level** of concentration.
체스는 고도의 집중력이 필요하다.

10. lunar
Farmers usually follow a **lunar** calendar.
농부들은 대게 태음력을 따른다.   · solar 태양의

Unit 20
Memory Box

사절하다
지체하다, 미루다
빵 부스러기
의심, 의혹
해로운
노력, 수고
장학금, 연구비
접다
나쁜, 사악한
가스, 매연

Unit 21
Check-up

identification
harmony
insect
length
interaction
lunar
health
level
honest
image

···▸ Dictation Test 7을 위해 112페이지로 이동해 주세요.

Date: /   Signature:

New words

- ☐ **measure** [méʒər]　동 재다, 측정하다
- ☐ **multiply** [mʌ́ltəplài]　동 곱하다, 늘리다
- ☐ **neither** [ní:ðər]　형 어느 쪽도 …아니다
- ☐ **occupation** [à:kjupéiʃən]　명 직업, 업무
- ☐ **pirate** [páiərət]　명 해적
- ☐ **praise** [preiz]　동 칭찬하다
- ☐ **probable** [prábəbl]　형 있음직한, 예상되는
- ☐ **race** [reis]　명 인종, 종족
- ☐ **reaction** [ri:ǽkʃən]　명 반응, 반작용
- ☐ **regard** [rigá:rd]　명 인사, 주목, 관심

Practice

measure

multiply

neither

occupation

pirate

praise

probable

race

reaction

regard

Sentences

1. **measure**

   He **measured** the box with a ruler.

   그는 자로 상자를 재었다.   · measurement 측정

2. **multiply**

   Two **multiplied** by three is six.

   2 곱하기 3은 6이다.   · multiplication 곱셈

3. **neither**

   Neither team played well.

   어느 팀도 경기를 잘하지 못했다.

4. **occupation**

   What is your father's **occupation**?

   아버지의 직업은 무엇인가요?   · occupy 차지하다

5. **pirate**

   The **pirates** attacked the ship.

   해적들이 배를 공격했다.

6. **praise**

   He was **praised** for his hard work.

   그는 열심히 일해서 칭찬받았다.

7. **probable**

   It is **probable** that she will be late.

   그녀는 아마도 늦을 것이다.   · probably 아마

8. **race**

   People of many different **races** live in America.

   많은 다른 인종의 사람들이 미국에 살고 있다.

9. **reaction**

   Players need to have quick **reactions**.

   선수들은 반응이 빨라야만 한다.   · react 반응을 나타내다

10. **regard**

    Please give my **regards** to your parents.

    부모님께 안부 전해주세요.   · give regards to 안부를 전하다

Unit 21
Memory Box

달의, 태음의
건강
정직한
신원 확인
조화, 화합
모습, 꼭 닮음
상호작용
길이
곤충
수준, 수평

Unit 22
Check-up

regard
multiply
neither
occupation
pirate
measure
praise
race
probable
reaction

Date: / Signature:

New words

- ☐ **response** [rispáns] 명 응답, 대답
- ☐ **secretary** [sékrətèri] 명 비서
- ☐ **share** [ʃɛər] 동 공유하다, 분배하다
- ☐ **shelter** [ʃéltər] 명 피난 장소, 은신처
- ☐ **spicy** [spáisi] 형 향(신)료를 넣은
- ☐ **spill** [spil] 동 엎지르다
- ☐ **spoil** [spɔil] 동 망쳐놓다
- ☐ **storage** [stɔ́:ridʒ] 명 저장, 창고
- ☐ **stream** [stri:m] 명 시내, 개울
- ☐ **structure** [strʌ́ktʃər] 명 구조, 조직

Practice

response

secretary

share

shelter

spicy

spill

spoil

storage

stream

structure

Sentences

1. **response**

   I didn't have any **response** from her.
   나는 그녀로부터 아무런 대답을 듣지 못했다.   · respond 대답하다

2. **secretary**

   The boss hired a new **secretary**.
   사장은 새 비서를 고용했다.

3. **share**

   The child **shared** sweets with his friends.
   그 아이는 친구들과 사탕을 나눠먹었다.

4. **shelter**

   They found a safe **shelter** in the cave.
   그들은 동굴 속에서 안전한 피난처를 찾아냈다.

5. **spicy**

   Indian food is usually **spicy**.
   인도 음식은 대개 향료를 많이 넣는다.   · spice 양념, 향신료

6. **spill**

   It is no use crying over **spilt** milk.
   엎지른 물은 다시 담을 수 없다.   · spill-spilt-spilt, spill-spilled-spilled

7. **spoil**

   The bad weather **spoiled** my holiday.
   날씨가 좋지 않아 휴가를 망쳤다.

8. **storage**

   The chest is used as a **storage** for the toys.
   그 대형 상자는 장난감을 보관하는 것으로 사용된다.   · store 저장하다

9. **stream**

   The **stream** is too wide to jump across.
   그 개울은 너무 넓어서 뛰어 넘을 수 없다.

10. **structure**

    We studied the **structure** of a bird's wing.
    우리는 새의 날개 구조를 공부했다.

Unit 22

Memory Box

곱하다, 늘리다
어느 쪽도 …아니다
인종, 종족
직업, 업무
재다, 측정하다
해적
칭찬하다
반응, 반작용
인사, 주목, 관심
있음직한, 예상되는

Unit 23

Check-up

share
spoil
storage
stream
shelter
response
secretary
spicy
spill
structure

Date: /   Signature:

New words

- □ **subject** [sʌ́bdʒikt] 명 과목, 주제 _____
- □ **subtract** [səbrǽkt] 동 빼다, 감하다 _____
- □ **summarize** [sʌ́məràiz] 동 요약하다 _____
- □ **suppose** [səpóuz] 동 추측하다, 가정하다 _____
- □ **survey** [səːrvéi] 명 조사, 검사 _____
- □ **textbook** [tékstbùk] 명 교과서 _____
- □ **tremble** [trémbəl] 동 떨다 _____
- □ **twist** [twist] 동 꼬다, 뒤틀다 _____
- □ **upside** [ʌ́psàid] 명 윗면, 위쪽 _____
- □ **whole** [houl] 형 전부의, 모든 _____

Practice

subject			
subtract			
summarize			
suppose			
survey			
textbook			
tremble			
twist			
upside			
whole			

WORD SCIENCE ▶▶▶

Sentences

1. **subject**

English is my favorite **subject**.

영어는 내가 가장 좋아하는 과목이다.

2. **subtract**

If you **subtract** 6 from 9, you get 3.

9에서 6을 빼면, 3이 남는다. · subtraction 뺄셈

3. **summarize**

He **summarized** the points of the meeting.

그는 모임의 요점을 요약했다. · summary 요약

4. **suppose**

I **suppose** she is still sick.

그녀가 여전히 아픈 것 같다. · supposition 추측

5. **survey**

They made a **survey** on their products.

그들은 자기 상품에 대한 조사를 했다.

6. **textbook**

I forgot to bring my history **textbook**.

나는 역사 교과서를 가져오는 걸 잊어버렸다.

7. **tremble**

She was **trembling** with fear.

그녀는 공포로 떨고 있었다.

8. **twist**

He **twisted** the sheets into a rope.

그는 시트를 꼬아서 밧줄을 만들었다.

9. **upside**

Mom hung the picture **upside** down.

엄마는 그림을 거꾸로 걸었다.

10. **whole**

She ate the **whole** cake.

그녀는 케이크를 전부 먹어치웠다.

Unit 23
Memory Box

공유하다, 분배하다
피난 장소, 은신처
응답, 대답
저장, 창고
시내, 개울
구조, 조직
망쳐놓다
비서
향(신)료를 넣은
엎지르다

Unit 24
Check-up

subject
textbook
whole
subtract
tremble
summarize
twist
survey
upside
suppose

···▶ Dictation Test 8을 위해 113페이지로 이동해 주세요.

Part Test

Signature:	Score:
	/ 50

A Write down the meanings of the English words.

1. honest
2. bound
3. chore
4. subject
5. affect
6. crumb
7. doubt
8. reaction
9. spoil
10. evil

11. shelter
12. harmony
13. stream
14. interaction
15. multiply
16. pirate
17. response
18. summarize
19. upside
20. survey

B Write the English words for the Korean.

1. 지루한
2. 구조, 조직
3. 속이다
4. 지체하다, 미루다
5. 노력, 수고
6. 비서
7. 전부의, 모든
8. 편리한
9. 장학금, 연구비
10. 추측하다, 가정하다

11. 건강
12. 저장, 창고
13. 신원 확인
14. 꼬다, 뒤틀다
15. 달의, 태음의
16. 빼다, 감하다
17. 직업, 업무
18. 있음직한, 예상되는
19. 인사, 주목, 관심
20. 향(신)료를 넣은

C Choose the right words to fill in the blanks.

insects	declined	trembling	length	measured
cattle	shared	bitter	harmful	praised

1. Strong sunlight is _____ to the skin.

2. The medicine tasted _____.

3. The _____ are grazing lazily.

4. She _____ his invitation.

5. She was _____ with fear.

6. Spiders are not _____.

7. The table is two meters in _____.

8. He _____ the box with a ruler.

9. He was _____ for his hard work.

10. The child _____ sweets with his friends.

WORD SCIENCE

Part 5

Part 5

Date: /　　Signature:

New words

- ☐ **abbey** [ǽbi]　　뗑 수도원
- ☐ **against** [əgénst]　　젼 …에 기대어, 반대하여
- ☐ **argue** [ɑ́ːrgjuː]　　동 논하다, 논쟁하다
- ☐ **assistant** [əsístənt]　　뗑 조수, 보조자
- ☐ **blame** [bleim]　　동 비난하다
- ☐ **cabbage** [kǽbidʒ]　　뗑 양배추, 캐비지
- ☐ **celebrate** [séləbrèit]　　동 경축하다, 기리다
- ☐ **cheek** [tʃiːk]　　동 뺨, 볼
- ☐ **comprehension** [kàmprihénʃən]　　뗑 이해, 이해력
- ☐ **contact** [kántækt]　　동 접촉하다, 연락하다

Practice

abbey

against

argue

assistant

blame

cabbage

celebrate

cheek

comprehension

contact

Sentences

1. **abbey**
   Monks live in the **abbeys**.
   수도자들은 수도원에서 산다.

2. **against**
   He leaned his bike **against** the wall.
   그는 자전거를 벽에 기대놓았다.

3. **argue**
   She often **argues** with her brother.
   그녀는 종종 남동생과 논쟁을 한다.   · argument 논의, 논쟁

4. **assistant**
   You need an **assistant** to help you.
   당신은 도와줄 보조자가 필요합니다.   · assist 돕다

5. **blame**
   The other driver **blamed** me for the accident.
   상대방 운전자가 나에게 사고의 책임을 떠넘겼다.

6. **cabbage**
   She grows **cabbage** in the garden.
   그녀는 정원에 양배추를 재배한다.

7. **celebrate**
   They don't **celebrate** Christmas in Iran.
   이란에서는 크리스마스를 기념하지 않는다.   · celebration 축하

8. **cheek**
   Tears were rolling down her **cheeks**.
   눈물이 그녀의 뺨 아래로 흘러내리고 있었다.

9. **comprehension**
   Her reading **comprehension** improved a lot.
   그녀의 독해력은 많이 향상되었다.   · comprehend 이해하다

10. **contact**
    I've been trying to **contact** you for days.
    나는 며칠 동안 너에게 연락하려고 애써왔다.

Memory Box
Unit 24

빼다, 감하다
요약하다
꼬다, 뒤틀다
교과서
윗면, 위쪽
과목, 주제
추측하다, 가정하다
조사, 검사
전부의, 모든
떨다

Check-up
Unit 25

cabbage
abbey
comprehension
blame
contact
against
celebrate
argue
cheek
assistant

Date:	Signature:
/	

New words

☐ **couch** [kautʃ]　　　명 침상, 소파

☐ **dash** [dæʃ]　　　동 돌진하다

☐ **depart** [dipá:rt]　　　동 출발하다

☐ **difficulty** [dífikʌ̀lti]　　　명 곤란, 어려움

☐ **disgusting** [disɡʌ́stiŋ]　　　형 구역질 나는, 역겨운

☐ **electronic** [ilèktránik]　　　형 전자의

☐ **exactly** [iɡzǽktli]　　　부 정확하게, 엄밀히

☐ **failure** [féiljər]　　　명 실패

☐ **figure** [fíɡjər]　　　명 숫자, 계산

☐ **force** [fɔ:rs]　　　명 힘, 강압

Practice

couch

dash

depart

difficulty

disgusting

electronic

exactly

failure

figure

force

Sentences

1. couch

A kitten is sleeping on the **couch**.

새끼 고양이가 침상에서 자고 있다.

2. dash

She **dashed** downstairs to answer the phone.

그녀는 전화를 받으려고 아래층으로 달려 내려갔다.

3. depart

The next train **departs** at four o'clock.

다음 기차는 4시에 출발한다. · departure 출발

4. difficulty

The old man had **difficulty** in breathing.

그 노인은 숨을 쉬는 데 어려움을 겪었다. · difficult 어려운

5. disgusting

What is this **disgusting** smell?

이 역겨운 냄새는 뭐지? · disgust 싫증, 혐오

6. electronic

I never use **electronic** banking services.

나는 전자 금융 서비스를 결코 이용하지 않는다. · electronically 전자적으로

7. exactly

She told me **exactly** what happened.

그녀는 정확히 어떤 일이 일어났는지 내게 말했다. · exact 정확한

8. failure

She was a **failure** as a pianist.

그녀는 피아니스트로서는 실패자였다. · fail 실패하다

9. figure

He is good at **figures**.

그는 숫자에 강하다.

10. force

I had to open the door by **force**.

나는 힘으로 문을 열어야만 했다. · by force 강제로

Unit 25

Memory Box

양배추, 캐비지
이해, 이해력
논하다, 논쟁하다
조수, 보조자
수도원
…에 기대어, 반대하여
비난하다
접촉하다, 연락하다
경축하다, 기리다
뺨, 볼

Unit 26

Check-up

figure
difficulty
force
depart
electronic
couch
disgusting
dash
exactly
failure

Date: /   Signature:

New words

- ☐ **forecast** [fɔ́ːrkæst]   명 예상, 예측
- ☐ **garbage** [gáːrbidʒ]   명 쓰레기
- ☐ **grateful** [gréitfəl]   형 고마워하는
- ☐ **graze** [greiz]   동 풀을 뜯어먹다
- ☐ **hatch** [hætʃ]   동 까다, 부화하다
- ☐ **horror** [hɔ́ːrər]   명 공포, 전율
- ☐ **hunt** [hʌnt]   동 사냥하다
- ☐ **inner** [ínər]   형 안의, 내부의
- ☐ **kingdom** [kíŋdəm]   명 왕국
- ☐ **labor** [léibər]   명 노동

Practice

- forecast
- garbage
- grateful
- graze
- hatch
- horror
- hunt
- inner
- kingdom
- labor

Sentences

1. **forecast**

   Did you hear about today's weather **forecast**?

   오늘 일기 예보에 대해 들었습니까?.

2. **garbage**

   Don't throw **garbage** on the road.

   길에 쓰레기를 버리지 마라.

3. **grateful**

   We are very **grateful** for your help.

   당신이 도와주셔서 정말 감사드립니다.

4. **graze**

   The cows were **grazing** in the fields.

   젖소가 들판에서 풀을 뜯고 있었다.

5. **hatch**

   The birds **hatched** out the next afternoon.

   새들은 다음날 오후에 부화했다.

6. **horror**

   She has a **horror** of being alone in the dark.

   그녀는 어둠 속에 혼자 있는 걸 두려워한다.

7. **hunt**

   Young lions have to learn to **hunt**.

   어린 사자는 사냥하는 것을 배워야 한다.   · hunter 사냥꾼

8. **inner**

   The principal's office is in the **inner** room.

   교장 선생님의 사무실은 안쪽 방에 있다.   · outer 밖의

9. **kingdom**

   She was queen of an ancient **kingdom** in Korea.

   그녀는 한국 고대 왕국의 여왕이었다.

10. **labor**

    The factory needs a lot of **labor**.

    그 공장은 많은 노동력이 필요하다.

Unit 26
Memory Box

출발하다
곤란, 어려움
힘, 강압
침상, 소파
돌진하다
구역질 나는, 역겨운
정확하게, 엄밀히
실패
전자의
숫자, 계산

Unit 27
Check-up

forecast
garbage
kingdom
labor
grateful
hunt
graze
hatch
inner
horror

···▶ Dictation Test 9을 위해 114페이지로 이동해 주세요.

New words

- ☐ **lump** [lʌmp] 명 덩어리, 혹
- ☐ **mayor** [méiər] 명 시장, 읍장
- ☐ **message** [mésidʒ] 명 전갈, 메시지
- ☐ **modern** [mádərn] 형 현대의, 근대의
- ☐ **notice** [nóutis] 동 알아채다, 주의하다
- ☐ **operation** [àpəréiʃən] 명 수술, 운영, 조작
- ☐ **ounce** [auns] 형 온스
- ☐ **package** [pǽkidʒ] 명 포장, 꾸러미
- ☐ **personal** [pə́:rsənəl] 형 개인의, 사적인
- ☐ **phrase** [freiz] 명 구, 관용구

Practice

lump

mayor

message

modern

notice

operation

ounce

package

personal

phrase

WORD SCIENCE

▶▶▶

Sentences

1. lump

He had a **lump** on his head.

그의 머리에 혹이 있었다.

2. mayor

My uncle will run for **mayor**.

우리 삼촌은 시장에 출마할 것이다.

3. message

Can I leave a **message**?

메시지를 남길 수 있을까요?

4. modern

He studied **modern** history at college.

그는 대학에서 현대 역사를 공부했다.

5. notice

Did you **notice** her new hair style?

너는 그녀의 새 헤어스타일을 알아챘니?

6. operation

I had an **operation** on my eye.

나는 눈 수술을 받았다.　　　　　　　　　　· operate 수술하다, 작동하다

7. ounce

There are 16 **ounces** in one pound.

1파운드는 16온스이다.

8. package

The postman delivered a small **package**.

우체부가 작은 소포를 하나 배달했다.　　　　　　　　· pack 꾸리다

9. personal

My diary is **personal**, so don't read it.

내 일기장은 사적인 것이니까 읽지 마라.　　　　　　· personality 개성, 인격

10. phrase

'Rather than' and 'at first' are **phrases**.

'Rather than(오히려)'과 'at first(처음에)'는 숙어이다.

Memory Box
Unit 27

- 노동
- 예상, 예측
- 쓰레기
- 풀을 뜯어먹다
- 까다, 부화하다
- 고마워하는
- 공포, 전율
- 사냥하다
- 왕국
- 안의, 내부의

Check-up
Unit 28

- mayor
- package
- ounce
- personal
- lump
- phrase
- modern
- notice
- operation
- message

Date: /   Signature:

New words

- ☐ **policy** [pálǝsi]   명 정책, 방침
- ☐ **predict** [pridíkt]   동 예언하다
- ☐ **prove** [pru:v]   동 증명하다
- ☐ **rapid** [rǽpid]   형 빠른, 신속한
- ☐ **reality** [riǽlǝti]   명 진실, 사실
- ☐ **region** [rí:dʒǝn]   명 지역, 지방
- ☐ **religious** [rilídʒǝs]   형 종교적인, 신앙의
- ☐ **rescue** [réskju:]   동 구조하다
- ☐ **result** [rizʌ́lt]   명 결과
- ☐ **ruin** [rú:in]   동 망쳐놓다, 파괴하다

Practice

policy

predict

prove

rapid

reality

region

religious

rescue

result

ruin

WORD SCIENCE ▶▶▶

Sentences

1. **policy**

   What is the government's **policy** on education?
   교육에 대한 정부의 방침은 무엇인가요?

2. **predict**

   No one can **predict** the future.
   아무도 미래를 예언할 수 없다.   · prediction 예언

3. **prove**

   The lawyer **proved** that he was innocent.
   변호사는 그가 죄가 없다는 것을 증명했다.   · proof 증거

4. **rapid**

   The train went by at a **rapid** pace.
   기차는 빠른 속도로 지나갔다.   · rapidly 빠르게

5. **reality**

   He looks healthy, but in **reality** he's very weak.
   그는 건강해 보이지만, 사실은 아주 약하다.   · in reality 실제로

6. **region**

   It will rain in northern **regions** tonight.
   오늘밤에는 북쪽 지방에 비가 올 것이다.   · regional 지방의

7. **religious**

   She is not very **religious**.
   그녀는 신앙심이 그다지 깊지 않다.   · religion 종교

8. **rescue**

   He **rescued** the child from the fire.
   그는 화재로부터 그 아이를 구했다.

9. **result**

   Do you know your exam **results**?
   너는 네 시험 결과를 알고 있니?

10. **ruin**

    The rain **ruined** our picnic.
    비가 우리 피크닉을 망쳤다.

Unit 28
Memory Box

전갈, 메시지
덩어리, 혹
시장, 읍장
현대의, 근대의
수술, 운영, 조작
온스
알아채다, 주의하다
포장, 꾸러미
구, 관용구
개인의, 사적인

Unit 29
Check-up

rescue
result
policy
ruin
predict
region
religious
prove
rapid
reality

New words

- ☐ **saint** [séint]   명 성인 _____
- ☐ **shock** [ʃɑk]   명 충격, 쇼크 _____
- ☐ **soldier** [sóuldʒər]   명 군인, 병사 _____
- ☐ **statement** [stéitmənt]   명 진술, 성명 _____
- ☐ **stretch** [stretʃ]   동 뻗다, 늘이다 _____
- ☐ **tour** [tuər]   명 관광 여행 _____
- ☐ **trousers** [tráuzərz]   명 바지 _____
- ☐ **vow** [vau]   명 맹세, 서약 _____
- ☐ **wealth** [welθ]   명 부, 재산 _____
- ☐ **worth** [wəːrθ]   형 가치가 있는 _____

Practice

saint			
shock			
soldier			
statement			
stretch			
tour			
trousers			
vow			
wealth			
worth			

WORD SCIENCE ▶▶▶

Sentences

1. saint
She was a real **saint** to the poor.
그녀는 가난한 사람들에게 진정한 성인이었다.

2. shock
Touching the wire gave him an electric **shock**.
전선을 만져서 그는 전기 쇼크를 받았다.

3. soldier
Many **soldiers** were killed in the war.
많은 군인들이 전쟁에서 죽었다.

4. statement
The police took a **statement** from the witness.
경찰은 목격자의 진술을 받았다.   · state 진술하다

5. stretch
He got out of bed and **stretched**.
그는 침대에서 나와 기지개를 켰다.

6. tour
They went on a **tour** of the Amazon.
그들은 아마존 여행을 떠났다.   · tourist 여행자

7. trousers
I need to wash my **trousers**.
내 바지를 빨아야 한다.

8. vow
The couple took marriage **vows**.
그 커플은 결혼 서약을 했다.

9. wealth
He is a man of great **wealth**.
그는 대단한 부자이다.   · wealthy 부유한

10. worth
The new movie is not **worth** seeing.
그 새 영화는 볼 가치가 없다.   · worthy 자격이 있는

Unit 29

Memory Box

정책, 방침
빠른, 신속한
지역, 지방
종교적인, 신앙의
예언하다
증명하다
진실, 사실
구조하다
망쳐놓다, 파괴하다
결과

Unit 30

Check-up

statement
worth
stretch
tour
saint
trousers
shock
wealth
soldier
vow

····▶ Dictation Test 10을 위해 115페이지로 이동해 주세요.

Signature:　　　Score:　　/ 50

A Write down the meanings of the English words.

1. blame

2. comprehension

3. rapid

4. difficulty

5. exactly

6. rescue

7. figure

8. argue

9. shock

10. forecast

11. grateful

12. horror

13. wealth

14. lump

15. modern

16. operation

17. policy

18. region

19. stretch

20. trousers

B Write the English words for the Korean.

1. 힘, 강압

2. 경축하다, 기리다

3. 조수, 보조자

4. 진실, 사실

5. 맹세, 서약

6. 가치가 있는

7. 접촉하다, 연락하다

8. 쓰레기

9. 전자의

10. 개인의, 사적인

11. 실패

12. 종교적인, 신앙의

13. 풀을 뜯어먹다

14. 안의, 내부의

15. 시장, 읍장

16. 알아채다, 주의하다

17. 증명하다

18. 결과

19. 진술, 성명

20. 관광 여행

C Choose the right words to fill in the blanks.

against	predict	kingdom	labor	soldiers
cheeks	disgusting	departs	message	phrases

1. Tears were rolling down her _____.

2. The next train _____ at four o'clock.

3. No one can _____ the future.

4. He leaned his bike _____ the wall.

5. What is this _____ smell?

6. She was queen of an ancient _____ in Korea.

7. Can I leave a _____?

8. 'Rather than' and 'at first' are _____.

9. Many _____ were killed in the war.

10. The factory needs a lot of _____.

WORD SCIENCE

Part 6

Date: /   Signature:

New words

- ☐ **allow** [əláu]   동 허락하다
- ☐ **arrival** [əráivəl]   명 도착, 도달
- ☐ **blank** [blæŋk]   형 빈, 공백의
- ☐ **branch** [bræntʃ]   명 가지
- ☐ **comedy** [kámədi]   명 희극, 코미디
- ☐ **complaint** [kəmpléint] 명 불평
- ☐ **cradle** [kréidl]   명 요람
- ☐ **debate** [dibéit]   명 토론, 논쟁
- ☐ **depressed** [diprést]   형 우울한, 풀이 죽은
- ☐ **dimension** [diménʃən] 명 치수, 차원

Practice

allow

arrival

blank

branch

comedy

complaint

cradle

debate

depressed

dimension

WORD SCIENCE

▶▶▶

Sentences

1. **allow**

   Mom **allowed** me to stay out late.
   엄마는 내가 밤늦게까지 밖에 있는 걸 허락하셨다.

2. **arrival**

   His **arrival** was delayed for two hours.
   그의 도착은 2시간 지연되었다.   · arrive 도착하다

3. **blank**

   Sign your name in the **blank** space.
   빈 공간에 네 이름으로 서명해라.

4. **branch**

   The bird built a nest between **branches**.
   새가 나뭇가지 사이에 둥지를 지었다.

5. **comedy**

   A lot of Shakespeare's plays are **comedies**.
   셰익스피어의 극 중에는 희극이 많이 있다.

6. **complaint**

   I made a **complaint** to the hotel manager.
   나는 호텔 매니저에게 불만을 이야기했다.   · complain 불평하다

7. **cradle**

   The baby is sleeping in the **cradle**.
   그 아기는 요람에서 잠을 자고 있다.

8. **debate**

   There was a **debate** on the safety of food.
   식품 안전에 대한 토론이 있었다.

9. **depressed**

   He got very **depressed** after the exam.
   그는 시험을 본 다음에 아주 낙담했다.   · depress 우울하게 하다

10. **dimension**

    We watched the movie in three **dimensions**.
    우리는 그 영화를 3D로 보았다.

Unit 30
Memory Box

진술, 성명
관광 여행
바지
충격, 쇼크
군인, 병사
성인
뻗다, 늘이다
맹세, 서약
가치가 있는
부, 재산

Unit 31
Check-up

depressed
blank
cradle
allow
dimension
arrival
branch
comedy
debate
complaint

Date: /   Signature:

New words

- ☐ **dislike** [disláik] 동 싫어하다
- ☐ **emperor** [émpərər] 명 황제, 제왕
- ☐ **exist** [igzíst] 동 존재하다
- ☐ **experiment** [ikspérəmənt] 명 실험, 시험
- ☐ **fashionable** [fǽʃənəbəl] 형 유행의
- ☐ **frame** [freim] 명 뼈대, 틀, 골격
- ☐ **future** [fjúːtʃər] 명 미래, 장래
- ☐ **greenhouse** [gríːnhàus] 명 온실
- ☐ **handicap** [hǽndikæp] 명 핸디캡, 신체장애
- ☐ **informal** [infɔ́ːrməl] 형 비공식의

Practice

dislike

emperor

exist

experiment

fashionable

frame

future

greenhouse

handicap

informal

Sentences

1. dislike

She **dislikes** getting up early.
그녀는 일찍 일어나는 것을 싫어한다.

2. emperor

The **Emperor** Napoleon ruled many countries.
나폴레옹 황제는 여러 나라를 다스렸다.   · empress 여왕

3. exist

Does life **exist** on other planets?
다른 행성에 생명체가 존재하나요?   · existence 존재

4. experiment

They did **experiments** in the laboratory.
그들은 실험실에서 실험을 했다.

5. fashionable

She was wearing **fashionable** sunglasses.
그녀는 유행하는 선글라스를 끼고 있었다.   · fashion 유행, 방식

6. frame

The **frame** of the bicycle was made in Korea.
그 자전거의 틀은 한국에서 만들어졌다.

7. future

What do you want to be in the **future**?
너는 장래에 무엇이 되고 싶으니?   · in the future 미래에

8. greenhouse

They grow lettuce in a **greenhouse**.
그들은 온실에서 상추를 재배한다.

9. handicap

The child has physical **handicaps**.
그 아이는 신체장애가 있다.

10. informal

The two groups held an **informal** meeting.
그 두 그룹은 비공식적인 모임을 가졌다.   · informally 비공식으로

Unit 31

Memory Box

허락하다
가지
불평
요람
도착, 도달
빈, 공백의
희극, 코미디
토론, 논쟁
치수, 차원
우울한, 풀이 죽은

Unit 32

Check-up

dislike
emperor
future
exist
fashionable
experiment
greenhouse
handicap
informal
frame

New words

- ☐ **ingredient** [ingrí:diənt]　명 재료, 성분
- ☐ **issue** [íʃuː]　명 문제, 발행
- ☐ **kindergarten** [kíndərgàːrtn]　명 유치원
- ☐ **knowledge** [nálidʒ]　명 지식, 학식
- ☐ **lend** [lend]　동 빌려주다
- ☐ **likely** [láikli]　형 …할 것 같은
- ☐ **loyal** [lɔ́iəl]　형 충실한
- ☐ **manage** [mǽnidʒ]　동 다루다, 관리하다
- ☐ **marriage** [mǽridʒ]　명 결혼
- ☐ **mess** [mes]　명 어수선함, 혼란

Practice

ingredient

issue

kindergarten

knowledge

lend

likely

loyal

manage

marriage

mess

WORD SCIENCE

Track 33

Sentences

1. **ingredient**

   Mom mixed all **ingredients** in a bowl.
   엄마는 재료를 모두 그릇에 넣어 섞었다.

2. **issue**

   Pollution became a serious **issue**.
   오염은 심각한 문제가 되었다.

3. **kindergarten**

   We've been friends since **kindergarten**.
   우리는 유치원 때부터 친구이다.

4. **knowledge**

   He has a great **knowledge** of France.
   그는 프랑스에 대해 많은 지식을 갖고 있다.

5. **lend**

   She wouldn't **lend** me her mobile phone.
   그녀는 내게 휴대전화를 빌려주지 않으려고 했다.

6. **likely**

   It is **likely** to snow tomorrow.
   내일 눈이 내릴 것 같다.

7. **loyal**

   The old friends were **loyal** to each other.
   그 오랜 친구들은 서로에게 충실했다.   · loyalty 충성

8. **manage**

   She **managed** a department of 20 people.
   그녀는 인원 20명의 부서를 관리했다.   · management 관리, 경영

9. **marriage**

   The couple's **marriage** is in May.
   그 커플의 결혼은 5월에 있다.   · marry 결혼하다

10. **mess**

    Your hair is a **mess**!
    네 머리는 엉망이야!   · messy 어질러진

Unit 32

Memory Box

유행의
황제, 제왕
존재하다
싫어하다
실험, 시험
미래, 장래
비공식의
온실
뼈대, 틀, 골격
핸디캡, 신체장애

Unit 33

Check-up

likely
ingredient
manage
issue
kindergarten
marriage
loyal
mess
knowledge
lend

····▶ Dictation Test 11을 위해 116페이지로 이동해 주세요.

Date: /   Signature:

New words

☐ **mistake** [mistéik]   명 실수, 잘못 _____

☐ **necklace** [nékləs]   명 목걸이 _____

☐ **northern** [nɔ́ːrðərn]   형 북쪽에 있는 _____

☐ **organization** [ɔ̀ːrgənəzéiʃən]   명 조직, 기구 _____

☐ **patient** [péiʃənt]   형 인내심이 강한 _____

☐ **percent** [pərsént]   명 퍼센트 _____

☐ **pity** [píti]   명 유감스러운 일, 동정 _____

☐ **plow** [plau]   동 (쟁기로) 갈다 _____

☐ **proverb** [právəːrb]   명 속담, 격언 _____

☐ **raise** [reiz]   동 기르다, 올리다 _____

Practice

mistake			
necklace			
northern			
organization			
patient			
percent			
pity			
plow			
proverb			
raise			

Sentences

1. mistake

I made a few **mistakes** on the test.
나는 테스트에서 몇 가지 실수를 했다.

2. necklace

She is wearing a beautiful **necklace**.
그녀는 아름다운 목걸이를 하고 있다.

3. northern

I spent my vacation in **northern** Florida.
나는 북쪽 플로리다에서 휴가를 보냈다. · southern 남쪽의

4. organization

She works for an **organization** that helps old people.
그녀는 노인들을 돕는 조직에서 일을 한다. · organize 조직하다

5. patient

You need to be **patient** with children.
너는 아이들을 다루려면 참을성이 있어야 한다. · patience 인내

6. percent

Sixty-five **percent** of the workers are women.
노동자 중에서 65퍼센트가 여성이다.

7. pity

It's a **pity** that you're not staying longer.
당신이 더 오래 머물 수 없다니 서운해요. · pitiful 가엾은

8. plow

The farmer **plowed** the fields.
그 농부는 밭을 갈았다.

9. proverb

Proverbs teach us wisdom.
속담은 우리에게 지혜를 가르쳐준다.

10. raise

The farmer **raises** some goats on the farm.
그 농부는 농장에서 염소 몇 마리를 기른다.

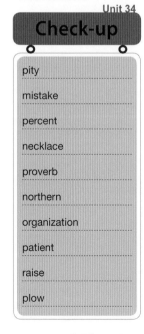

Unit 33
Memory Box

지식, 학식

…할 것 같은

문제, 발행

유치원

재료, 성분

충실한

빌려주다

다루다, 관리하다

어수선함, 혼란

결혼

Unit 34
Check-up

pity

mistake

percent

necklace

proverb

northern

organization

patient

raise

plow

Date: /   Signature:

New words

- ☐ **rapidly** [rǽpidli]   부 빠르게, 신속히
- ☐ **recipe** [résəpìː]   명 조리법, 비법
- ☐ **recommend** [rèkəménd]   동 추천하다
- ☐ **relax** [rilǽks]   동 쉬다, 피로를 풀다
- ☐ **reuse** [riːjúːz]   동 다시 사용하다
- ☐ **romance** [roumǽns]   명 로맨스, 연애
- ☐ **sense** [sens]   명 감각, 느낌
- ☐ **shuttle** [ʃʌ́tl]   명 왕복 운행
- ☐ **soul** [soul]   명 영혼, 넋
- ☐ **statue** [stǽtʃuː]   명 상, 조상

Practice

rapidly

recipe

recommend

relax

reuse

romance

sense

shuttle

soul

statue

WORD SCIENCE ▶▶▶

Sentences

1. **rapidly**

The snow **rapidly** disappeared under the sun.
눈은 태양 아래서 빨리 녹아 없어졌다. · rapid 빠른

2. **recipe**

Do you know a good **recipe** for pizza?
피자 만드는 좋은 비법 하나 알고 있나요?

3. **recommend**

He **recommended** a nice hotel near the airport.
그는 공항 근처에 있는 좋은 호텔을 추천했다. · recommendation 추천

4. **relax**

Dad is **relaxing** in front of the television.
아빠는 텔레비전 앞에서 쉬고 계신다. · relaxation 휴식

5. **reuse**

We can **reuse** the empty bottles.
우리는 그 빈 병을 다시 사용할 수 있다.

6. **romance**

Sleeping Beauty had a **romance** with a prince.
잠자는 숲속의 미녀는 왕자와 사랑을 했다. · romantic 연애의

7. **sense**

She has a good **sense** of humor.
그녀는 유머 감각이 좋다.

8. **shuttle**

You can take the **shuttle** across town.
너는 도시를 가로지르는 셔틀을 탈 수 있다.

9. **soul**

May her **soul** rest in peace!
그녀의 영혼이 편히 쉬기를 기원합니다!

10. **statue**

The boy tried to touch the stone **statue**.
그 남자아이는 돌 조각상을 만지려고 했다.

Memory Box | Unit 34

| 조직, 기구 |
| 북쪽에 있는 |
| 인내심이 강한 |
| 퍼센트 |
| (쟁기로) 갈다 |
| 실수, 잘못 |
| 목걸이 |
| 유감스러운 일, 동정 |
| 기르다, 올리다 |
| 속담, 격언 |

Check-up | Unit 35

| rapidly |
| sense |
| recipe |
| recommend |
| shuttle |
| romance |
| soul |
| reuse |
| statue |
| relax |

Date: /　Signature:

New words

- ☐ **succeed** [səksíːd] 〔동〕 성공하다　———————————•
- ☐ **tax** [tæks] 〔명〕 세, 세금　———————————•
- ☐ **thread** [θred] 〔명〕 실, 바느질 실　———————————•
- ☐ **tourist** [túərist] 〔명〕 관광객, 여행자　———————————•
- ☐ **trick** [trik] 〔명〕 묘기, 재주　———————————•
- ☐ **truth** [truːθ] 〔명〕 사실, 진실　———————————•
- ☐ **upset** [ʌpsét] 〔동〕 화나게 하다, 뒤집어엎다　———————————•
- ☐ **valuable** [vǽljuːəbəl] 〔형〕 귀중한, 귀한　———————————•
- ☐ **weigh** [wei] 〔동〕 무게가 나가다　———————————•
- ☐ **zoologist** [zəuálədʒist] 〔명〕 동물학자　———————————•

Practice

succeed
•————————————————————————————————•
tax
•————————————————————————————————•
thread
•————————————————————————————————•
tourist
•————————————————————————————————•
trick
•————————————————————————————————•
truth
•————————————————————————————————•
upset
•————————————————————————————————•
valuable
•————————————————————————————————•
weigh
•————————————————————————————————•
zoologist
•————————————————————————————————•

WORD SCIENCE ▶▶▶

Sentences

1. **succeed**

   She **succeeded** in losing weight.

   그녀는 몸무게를 빼는데 성공했다.   · success 성공

2. **tax**

   There is a heavy **tax** on alcohol.

   술에는 무거운 세금을 매긴다.

3. **thread**

   I need black **thread** to sew a sock.

   양말을 꿰매려면 검정색 실이 필요하다.   · needle 바늘

4. **tourist**

   Many **tourists** visit Rome every year.

   많은 여행객이 매년 로마를 방문한다.   · tour 여행

5. **trick**

   My dog can do many **tricks**.

   우리 개는 묘기를 많이 부릴 수 있다.

6. **truth**

   He is not telling the **truth**.

   그는 진실을 말하고 있지 않다.   · true 진실의

7. **upset**

   He **upset** her when he said she was fat.

   그는 그녀가 뚱뚱하다고 말해서 그녀를 화나게 했다.

8. **valuable**

   He owns a few **valuable** paintings.

   그는 귀중한 그림 몇 점을 소장하고 있다.   · value 가치

9. **weigh**

   The wrestler **weighs** more than 100kg.

   그 레슬링 선수는 몸무게가 100 킬로그램이 넘는다.

10. **zoologist**

    I want to be a **zoologist** in the future.

    나는 앞으로 동물학자가 되고 싶다.   · zoology 동물학

Unit 35
Memory Box

조리법, 비법
추천하다
쉬다, 피로를 풀다
로맨스, 연애
영혼, 넋
감각, 느낌
다시 사용하다
빠르게, 신속히
왕복 운행
상, 조상

Unit 36
Check-up

thread
succeed
tax
upset
tourist
valuable
weigh
truth
zoologist
trick

A Write down the meanings of the English words.

1. comedy	11. allow
2. debate	12. mistake
3. emperor	13. weigh
4. relax	14. organization
5. fashionable	15. proverb
6. soul	16. rapidly
7. greenhouse	17. sense
8. kindergarten	18. trick
9. loyal	19. upset
10. marriage	20. succeed

B Write the English words for the Korean.

1. 어수선함, 혼란	11. 비공식의
2. 북쪽에 있는	12. 관광객, 여행자
3. 퍼센트	13. 지식, 학식
4. 기르다, 올리다	14. 다루다, 관리하다
5. 도착, 도달	15. 추천하다
6. 불평	16. 왕복 운행
7. 다시 사용하다	17. 사실, 진실
8. 우울한, 풀이 죽은	18. 귀중한, 귀한
9. 실험, 시험	19. 동물학자
10. 미래, 장래	20. 상, 조상

C Choose the right words to fill in the blanks.

dislikes	exist	ingredients	likely	branches
pity	patient	tax	thread	dimensions

1. You need to be _____ with children.

2. We watched the movie in three _____.

3. She _____ getting up early.

4. Does life _____ on other planets?

5. Mom mixed all _____ in a bowl.

6. There is a heavy _____ on alcohol.

7. The bird built a nest between _____.

8. It is _____ to snow tomorrow.

9. It's a _____ that you're not staying longer.

10. I need black _____ to sew a sock.

WORD SCIENCE

Dictation Test

Signature:	Score:
	/ 30

● www.pagodabook.com에서 WORD SCIENCE 온라인 테스트를 클릭한 후 해당 Step의
Dictation Test를 선택해서 문제를 듣고 단어와 뜻을 적으세요.

1. _____ / _____

2. _____ / _____

3. _____ / _____

4. _____ / _____

5. _____ / _____

6. _____ / _____

7. _____ / _____

8. _____ / _____

9. _____ / _____

10. _____ / _____

11. _____ / _____

12. _____ / _____

13. _____ / _____

14. _____ / _____

15. _____ / _____

16. _____ / _____

17. _____ / _____

18. _____ / _____

19. _____ / _____

20. _____ / _____

21. _____ / _____

22. _____ / _____

23. _____ / _____

24. _____ / _____

25. _____ / _____

26. _____ / _____

27. _____ / _____

28. _____ / _____

29. _____ / _____

30. _____ / _____

Dictation Test 2

Signature:

Score:

/ 30

● www.pagodabook.com에서 WORD SCIENCE 온라인 테스트를 클릭한 후 해당 Step의
Dictation Test를 선택해서 문제를 듣고 단어와 뜻을 적으세요.

1. _____ / _____

2. _____ / _____

3. _____ / _____

4. _____ / _____

5. _____ / _____

6. _____ / _____

7. _____ / _____

8. _____ / _____

9. _____ / _____

10. _____ / _____

11. _____ / _____

12. _____ / _____

13. _____ / _____

14. _____ / _____

15. _____ / _____

16. _____ / _____

17. _____ / _____

18. _____ / _____

19. _____ / _____

20. _____ / _____

21. _____ / _____

22. _____ / _____

23. _____ / _____

24. _____ / _____

25. _____ / _____

26. _____ / _____

27. _____ / _____

28. _____ / _____

29. _____ / _____

30. _____ / _____

Dictation Test

Signature:

Score:

/ 30

● www.pagodabook.com에서 WORD SCIENCE 온라인 테스트를 클릭한 후 해당 Step의
Dictation Test를 선택해서 문제를 듣고 단어와 뜻을 적으세요.

1. _____ / _____

2. _____ / _____

3. _____ / _____

4. _____ / _____

5. _____ / _____

6. _____ / _____

7. _____ / _____

8. _____ / _____

9. _____ / _____

10. _____ / _____

11. _____ / _____

12. _____ / _____

13. _____ / _____

14. _____ / _____

15. _____ / _____

16. _____ / _____

17. _____ / _____

18. _____ / _____

19. _____ / _____

20. _____ / _____

21. _____ / _____

22. _____ / _____

23. _____ / _____

24. _____ / _____

25. _____ / _____

26. _____ / _____

27. _____ / _____

28. _____ / _____

29. _____ / _____

30. _____ / _____

🎧 Dictation Test 4

Signature:	Score:
	/ 30

● www.pagodabook.com에서 WORD SCIENCE 온라인 테스트를 클릭한 후 해당 Step의
Dictation Test를 선택해서 문제를 듣고 단어와 뜻을 적으세요.

1. _____ / _____
2. _____ / _____
3. _____ / _____
4. _____ / _____
5. _____ / _____
6. _____ / _____
7. _____ / _____
8. _____ / _____
9. _____ / _____
10. _____ / _____
11. _____ / _____
12. _____ / _____
13. _____ / _____
14. _____ / _____
15. _____ / _____
16. _____ / _____
17. _____ / _____
18. _____ / _____
19. _____ / _____
20. _____ / _____
21. _____ / _____
22. _____ / _____
23. _____ / _____
24. _____ / _____
25. _____ / _____
26. _____ / _____
27. _____ / _____
28. _____ / _____
29. _____ / _____
30. _____ / _____

Dictation Test

Signature:

Score:
/ 30

● www.pagodabook.com에서 WORD SCIENCE 온라인 테스트를 클릭한 후 해당 Step의
Dictation Test를 선택해서 문제를 듣고 단어와 뜻을 적으세요.

1. _____ / _____

2. _____ / _____

3. _____ / _____

4. _____ / _____

5. _____ / _____

6. _____ / _____

7. _____ / _____

8. _____ / _____

9. _____ / _____

10. _____ / _____

11. _____ / _____

12. _____ / _____

13. _____ / _____

14. _____ / _____

15. _____ / _____

16. _____ / _____

17. _____ / _____

18. _____ / _____

19. _____ / _____

20. _____ / _____

21. _____ / _____

22. _____ / _____

23. _____ / _____

24. _____ / _____

25. _____ / _____

26. _____ / _____

27. _____ / _____

28. _____ / _____

29. _____ / _____

30. _____ / _____

Dictation Test 6

Signature:

Score:
/ 30

● www.pagodabook.com에서 WORD SCIENCE 온라인 테스트를 클릭한 후 해당 Step의
Dictation Test를 선택해서 문제를 듣고 단어와 뜻을 적으세요.

1. _____ / _____

2. _____ / _____

3. _____ / _____

4. _____ / _____

5. _____ / _____

6. _____ / _____

7. _____ / _____

8. _____ / _____

9. _____ / _____

10. _____ / _____

11. _____ / _____

12. _____ / _____

13. _____ / _____

14. _____ / _____

15. _____ / _____

16. _____ / _____

17. _____ / _____

18. _____ / _____

19. _____ / _____

20. _____ / _____

21. _____ / _____

22. _____ / _____

23. _____ / _____

24. _____ / _____

25. _____ / _____

26. _____ / _____

27. _____ / _____

28. _____ / _____

29. _____ / _____

30. _____ / _____

Dictation Test 7

Signature:

Score:

/ 30

● www.pagodabook.com에서 WORD SCIENCE 온라인 테스트를 클릭한 후 해당 Step의 Dictation Test를 선택해서 문제를 듣고 단어와 뜻을 적으세요.

1. _____ / _____

2. _____ / _____

3. _____ / _____

4. _____ / _____

5. _____ / _____

6. _____ / _____

7. _____ / _____

8. _____ / _____

9. _____ / _____

10. _____ / _____

11. _____ / _____

12. _____ / _____

13. _____ / _____

14. _____ / _____

15. _____ / _____

16. _____ / _____

17. _____ / _____

18. _____ / _____

19. _____ / _____

20. _____ / _____

21. _____ / _____

22. _____ / _____

23. _____ / _____

24. _____ / _____

25. _____ / _____

26. _____ / _____

27. _____ / _____

28. _____ / _____

29. _____ / _____

30. _____ / _____

Dictation Test 8

Signature:

Score:

/ 30

● www.pagodabook.com에서 WORD SCIENCE 온라인 테스트를 클릭한 후 해당 Step의
Dictation Test를 선택해서 문제를 듣고 단어와 뜻을 적으세요.

1. _____ / _____

2. _____ / _____

3. _____ / _____

4. _____ / _____

5. _____ / _____

6. _____ / _____

7. _____ / _____

8. _____ / _____

9. _____ / _____

10. _____ / _____

11. _____ / _____

12. _____ / _____

13. _____ / _____

14. _____ / _____

15. _____ / _____

16. _____ / _____

17. _____ / _____

18. _____ / _____

19. _____ / _____

20. _____ / _____

21. _____ / _____

22. _____ / _____

23. _____ / _____

24. _____ / _____

25. _____ / _____

26. _____ / _____

27. _____ / _____

28. _____ / _____

29. _____ / _____

30. _____ / _____

Dictation Test

Signature: Score:
/ 30

● www.pagodabook.com에서 WORD SCIENCE 온라인 테스트를 클릭한 후 해당 Step의 Dictation Test를 선택해서 문제를 듣고 단어와 뜻을 적으세요.

1. _____ / _____

2. _____ / _____

3. _____ / _____

4. _____ / _____

5. _____ / _____

6. _____ / _____

7. _____ / _____

8. _____ / _____

9. _____ / _____

10. _____ / _____

11. _____ / _____

12. _____ / _____

13. _____ / _____

14. _____ / _____

15. _____ / _____

16. _____ / _____

17. _____ / _____

18. _____ / _____

19. _____ / _____

20. _____ / _____

21. _____ / _____

22. _____ / _____

23. _____ / _____

24. _____ / _____

25. _____ / _____

26. _____ / _____

27. _____ / _____

28. _____ / _____

29. _____ / _____

30. _____ / _____

Dictation Test 10

Signature: Score: / 30

● www.pagodabook.com에서 WORD SCIENCE 온라인 테스트를 클릭한 후 해당 Step의 Dictation Test를 선택해서 문제를 듣고 단어와 뜻을 적으세요.

1. _____ / _____
2. _____ / _____
3. _____ / _____
4. _____ / _____
5. _____ / _____
6. _____ / _____
7. _____ / _____
8. _____ / _____
9. _____ / _____
10. _____ / _____
11. _____ / _____
12. _____ / _____
13. _____ / _____
14. _____ / _____
15. _____ / _____
16. _____ / _____
17. _____ / _____
18. _____ / _____
19. _____ / _____
20. _____ / _____
21. _____ / _____
22. _____ / _____
23. _____ / _____
24. _____ / _____
25. _____ / _____
26. _____ / _____
27. _____ / _____
28. _____ / _____
29. _____ / _____
30. _____ / _____

🎧 Dictation Test 11

Signature:	Score:
	/ 30

● www.pagodabook.com에서 WORD SCIENCE 온라인 테스트를 클릭한 후 해당 Step의
Dictation Test를 선택해서 문제를 듣고 단어와 뜻을 적으세요.

1. _____ / _____

2. _____ / _____

3. _____ / _____

4. _____ / _____

5. _____ / _____

6. _____ / _____

7. _____ / _____

8. _____ / _____

9. _____ / _____

10. _____ / _____

11. _____ / _____

12. _____ / _____

13. _____ / _____

14. _____ / _____

15. _____ / _____

16. _____ / _____

17. _____ / _____

18. _____ / _____

19. _____ / _____

20. _____ / _____

21. _____ / _____

22. _____ / _____

23. _____ / _____

24. _____ / _____

25. _____ / _____

26. _____ / _____

27. _____ / _____

28. _____ / _____

29. _____ / _____

30. _____ / _____

Dictation Test 12

Signature:　　　　Score:

/ 30

● www.pagodabook.com에서 WORD SCIENCE 온라인 테스트를 클릭한 후 해당 Step의
Dictation Test를 선택해서 문제를 듣고 단어와 뜻을 적으세요.

1. _____ / _____

2. _____ / _____

3. _____ / _____

4. _____ / _____

5. _____ / _____

6. _____ / _____

7. _____ / _____

8. _____ / _____

9. _____ / _____

10. _____ / _____

11. _____ / _____

12. _____ / _____

13. _____ / _____

14. _____ / _____

15. _____ / _____

16. _____ / _____

17. _____ / _____

18. _____ / _____

19. _____ / _____

20. _____ / _____

21. _____ / _____

22. _____ / _____

23. _____ / _____

24. _____ / _____

25. _____ / _____

26. _____ / _____

27. _____ / _____

28. _____ / _____

29. _____ / _____

30. _____ / _____

Online Test

Signature:	Score:
	/ 100

- www.pagodabook.com에서 WORD SCIENCE 온라인 테스트를 클릭한 후 해당 Step의 Online Test를 선택하세요.

· Test 채점표를 아래 박스 위에 붙이세요.

Online Test 2

Signature:	Score:
	/ 100

● www.pagodabook.com에서 WORD SCIENCE 온라인 테스트를 클릭한 후 해당 Step의
Online Test를 선택하세요.

· Test 채점표를 아래 박스 위에 붙이세요.

Online Test 3

Signature:

Score:

/ 100

● www.pagodabook.com에서 WORD SCIENCE 온라인 테스트를 클릭한 후 해당 Step의 Online Test를 선택하세요.

· Test 채점표를 아래 박스 위에 붙이세요.

WORD  SCIENCE

정답

정답 Part test

Part Test 1

Unit 01 ~ Unit 06

A
1. scary 무서운
2. popular 인기 있는, 대중적인
3. appointment 약속, 임명
4. biologist 생물학자
5. central 중앙의, 중심의
6. aboard …을 타고
7. reward 보답하다
8. control 억제하다, 지배하다
9. depression 우울, 불경기
10. expect 기대하다
11. success 성공
12. frank 솔직한
13. imaginary 상상의, 가상의
14. lawyer 변호사
15. microphone 마이크
16. nickname 별명
17. professional 전문의, 직업의
18. reduce 줄이다, 축소하다
19. sightsee 관광하다
20. threaten 위협하다

B
1. 행동, 행실 behavior
2. 자손, 후예 descendant
3. 추가, 부가 addition
4. 길, 도로 route
5. 호흡하다 breathe
6. 공통(의) common
7. 주다, 제공하다 provide
8. 공화국 republic
9. 연속, 시리즈 series
10. 기술, 테크닉 technique
11. 밀, 소맥 wheat
12. 여분의, 아끼다 spare
13. 속이다 deceive
14. 묶다, 잠그다 fasten
15. 보존하다, 보호하다 preserve
16. 꿀, 벌꿀 honey
17. 의도, 목적 intention
18. (짐을) 싣다 load
19. 운동, 활동 motion
20. 제공하다, 권하다 offer

C
1. distance
2. aboard
3. tumbled
4. endangered
5. flavor
6. contains
7. liberty
8. earmuffs
9. medium
10. passenger

Part Test 2

Unit 07 ~ Unit 12

A
1. rather 오히려
2. belong 속하다
3. compact 콤팩트, 압축하다
4. anxious 걱정스러운
5. public 공공의, 공중의
6. condition 상태, 조건
7. diligent 근면한
8. fable 우화
9. hire 고용하다
10. spank 찰싹 때리다
11. jury 배심, 심사원
12. local 지방의, 고장의
13. mild 온화한
14. patch 헝겊조각, 안대
15. via …을 경유로
16. dizzy 현기증 나는
17. pray 기도하다
18. request 요구
19. serious 심각한, 진지한
20. temperature 온도, 기온

B
1. 사라지다 disappear
2. 어린 시절 childhood
3. 숙제, 할당 assignment
4. 훔치다 steal
5. 완성하다 complete
6. 장식 decoration
7. 가능한 possible
8. 입구, 입장 entrance
9. 누르다 press
10. 자유 freedom
11. 노예 slave
12. 인상적인 impressive
13. 잔디 lawn
14. 주로, 대개 mainly
15. 작동하다 operate
16. 출판하다, 발표하다 publish
17. 언급하다, 조회하다 refer
18. 과학적인 scientific
19. 무역(하다) trade
20. 야생의, 거친 wild

C
1. clue
2. created
3. attention
4. depth
5. flight
6. preparing
7. favor
8. movement
9. obey
10. squeezed

Part Test 3

Ⓐ
1. broadcast 방송하다
2. charity 자비, 자선
3. definition 정의, 한정
4. roam 거닐다, 돌아다니다
5. volcano 화산
6. adjust 조절하다
7. shake 흔들다
8. dough 가루 반죽
9. effect 영향, 효과
10. friendship 우정, 친선
11. huge 거대한
12. rude 무례한
13. invite 초대하다
14. lower 아래쪽의
15. mission 임무, 사명
16. normal 보통의, 정상의
17. pleasant 좋은, 즐거운
18. refuse 거절하다
19. sudden 돌연(한)
20. tightly 단단히

Ⓑ
1. 옳은, 정확한 correct
2. 운동의 athletic
3. 확실한 certain
4. 전통적인 traditional
5. 지혜, 슬기로움 wisdom
6. 분출하다 erupt
7. 점, 소량 dot
8. 교육, 양성 education
9. 천재 genius
10. 정말, 참으로 indeed
11. 매듭 knot
12. 닿다, 도달하다 reach
13. 현미경 microscope
14. 소리치다 scream
15. 출생지의, 본국의 native
16. 궤도(를 돌다) orbit
17. 필요로 하다 require
18. 벽돌 조각 rubble
19. 똑똑한 smart
20. 대단한, 아주 좋은 terrific

Ⓒ
1. conductor
2. depends
3. appearance
4. discover
5. factory
6. harm
7. major
8. pardon
9. species
10. merry

Part Test 4

Ⓐ
1. honest 정직한
2. bound …행의, 경계
3. chore 잡일, 허드렛일
4. subject 과목, 주제
5. affect 영향을 주다
6. crumb 빵 부스러기
7. doubt 의심, 의혹
8. reaction 반응, 반작용
9. spoil 망쳐놓다
10. evil 나쁜, 사악한
11. shelter 피난 장소, 은신처
12. harmony 조화, 화합
13. stream 시내, 개울
14. interaction 상호작용
15. multiply 곱하다, 늘리다
16. pirate 해적
17. response 응답, 대답
18. summarize 요약하다
19. upside 윗면, 위쪽
20. survey 조사, 검사

Ⓑ
1. 지루한 boring
2. 구조, 조직 structure
3. 속이다 cheat
4. 지체하다, 미루다 delay
5. 노력, 수고 effort
6. 비서 secretary
7. 전부의, 모든 whole
8. 편리한 convenient
9. 장학금, 연구비 fellowship
10. 추측하다, 가정하다 suppose
11. 건강 health
12. 저장, 창고 storage
13. 신원 확인 identification
14. 꼬다, 뒤틀다 twist
15. 달의, 태음의 lunar
16. 빼다, 감하다 subtract
17. 직업, 업무 occupation
18. 있음직한, 예상되는 probable
19. 인사, 주목, 관심 regard
20. 향(신)료를 넣은 spicy

Ⓒ
1. harmful
2. bitter
3. cattle
4. declined
5. trembling
6. insects
7. length
8. measured
9. praised
10. shared

Part Test 5　　　　　　　　　　　　　　　　　　Unit 25~Unit 30

Ⓐ
1. blame 비난하다
2. comprehension 이해, 이해력
3. rapid 빠른, 신속한
4. difficulty 곤란, 어려움
5. exactly 정확하게, 엄밀히
6. rescue 구조하다
7. figure 숫자, 계산
8. argue 논하다, 논쟁하다
9. shock 충격, 쇼크
10. forecast 예상, 예측
11. grateful 고마워하는
12. horror 공포, 전율
13. wealth 부, 재산
14. lump 덩어리, 혹
15. modern 현대의, 근대의
16. operation 수술, 운영, 조작
17. policy 정책, 방침
18. region 지역, 지방
19. stretch 뻗다, 늘이다
20. trousers 바지

Ⓑ
1. 힘, 강압 force
2. 경축하다, 기리다 celebrate
3. 조수, 보조자 assistant
4. 진실, 사실 reality
5. 맹세, 서약 vow
6. 가치가 있는 worth
7. 접촉하다, 연락하다 contact
8. 쓰레기 garbage
9. 전자의 electronic
10. 개인의, 사적인 personal
11. 실패 failure
12. 종교적인, 신앙의 religious
13. 풀을 뜯어먹다 graze
14. 안의, 내부의 inner
15. 시장, 읍장 mayor
16. 알아채다, 주의하다 notice
17. 증명하다 prove
18. 결과 result
19. 진술, 성명 statement
20. 관광 여행 tour

Ⓒ
1. cheeks
2. departs
3. predict
4. against
5. disgusting
6. kingdom
7. message
8. phrases
9. soldiers
10. labor

Part Test 6　　　　　　　　　　　　　　　　　　Unit 31~Unit 36

Ⓐ
1. comedy 희극, 코미디
2. debate 토론, 논쟁
3. emperor 황제, 제왕
4. relax 쉬다, 피로를 풀다
5. fashionable 유행의
6. soul 영혼, 넋
7. greenhouse 온실
8. kindergarten 유치원
9. loyal 충실한
10. marriage 결혼
11. allow 허락하다
12. mistake 실수, 잘못
13. weigh 무게가 나가다
14. organization 조직, 기구
15. proverb 속담, 격언
16. rapidly 빠르게, 신속히
17. sense 감각, 느낌
18. trick 묘기, 재주
19. upset 화나게 하다, 뒤집어엎다
20. succeed 성공하다

Ⓑ
1. 어수선함, 혼란 mess
2. 북쪽에 있는 northern
3. 퍼센트 percent
4. 기르다, 올리다 raise
5. 도착, 도달 arrival
6. 불평 complaint
7. 다시 사용하다 reuse
8. 우울한, 풀이 죽은 depressed
9. 실험, 시험 experiment
10. 미래, 장래 future
11. 비공식의 informal
12. 관광객, 여행자 tourist
13. 지식, 학식 knowledge
14. 다루다, 관리하다 manage
15. 추천하다 recommend
16. 왕복 운행 shuttle
17. 사실, 진실 truth
18. 귀중한, 귀한 valuable
19. 동물학자 zoologist
20. 상, 조상 statue

Ⓒ
1. patient
2. dimensions
3. dislikes
4. exist
5. ingredients
6. tax
7. branches
8. likely
9. pity
10. thread

Dictation 1

1. flavor / 맛, 조미료
2. addition / 추가, 부가
3. gain / 얻다, 획득하다
4. helmet / 헬멧
5. appointment / 약속, 임명
6. frank / 솔직한
7. attend / 참석하다
8. behavior / 행동, 행실
9. aboard / …을 타고
10. breathe / 호흡하다
11. calm / 침착한, 고요한
12. admiral / 해군 대장, 제독
13. biologist / 생물학자
14. central / 중앙의, 중심의
15. distance / 거리
16. earmuff / 귀덮개, 귀마개
17. common / 공통(의)
18. ancestor / 선조, 조상
19. deceive / 속이다
20. contain / 포함하다
21. expect / 기대하다
22. fasten / 묶다, 잠그다
23. honey / 꿀, 벌꿀
24. imaginary / 상상의, 가상의
25. control / 억제하다, 지배하다
26. intention / 의도, 목적
27. depression / 우울, 불경기
28. crazy / 미친
29. descendant / 자손, 후예
30. endangered / 멸종 위기의

Dictation 2

1. load / (짐을) 싣다
2. magazine / 잡지
3. lamb / 새끼 양의 고기
4. motion / 운동, 활동
5. nickname / 별명
6. offer / 제공하다, 권하다
7. passenger / 승객
8. lawyer / 변호사
9. medium / 중간(의)
10. professional / 전문의, 직업의
11. liberty / 자유
12. provide / 주다, 제공하다
13. reduce / 줄이다, 축소하다
14. microphone / 마이크
15. pitch / 던지다, 치다
16. republic / 공화국
17. popular / 인기 있는, 대중적인
18. sightsee / 관광하다
19. wheat / 밀, 소맥
20. spaghetti / 스파게티
21. technique / 기술, 테크닉
22. spare / 여분의, 아끼다
23. threaten / 위협하다
24. preserve / 보존하다, 보호하다
25. reward / 보답하다
26. success / 성공
27. route / 길, 도로
28. scary / 무서운
29. tumble / 넘어지다
30. series / 연속, 시리즈

Dictation 3

1. clue / 실마리, 단서
2. anxious / 걱정스러운
3. childhood / 어린 시절
4. bay / 만
5. compact / 콤팩트, 압축하다
6. assignment / 숙제, 할당
7. belong / 속하다
8. campaign / 선거 운동, 캠페인
9. attention / 주의, 주목
10. complete / 완성하다
11. diligent / 근면한
12. hire / 고용하다
13. impressive / 인상적인
14. jury / 배심, 심사원
15. lawn / 잔디
16. disappear / 사라지다
17. lifetime / 일생, 평생
18. cope / 대처하다
19. dizzy / 현기증 나는
20. earn / 벌다, 획득하다
21. fable / 우화
22. entrance / 입구, 입장
23. favor / 호의, 친절
24. condition / 상태, 조건
25. decoration / 장식
26. create / 창조하다, 만들다
27. depth / 깊이, 깊음
28. flight / 날기, 비행
29. handkerchief / 손수건
30. freedom / 자유

Dictation 4

1. public / 공공의, 공중의
2. movement / 움직임, 운동
3. prepare / 준비하다
4. nonstop / 직행의, 직행으로
5. obey / 복종하다
6. pray / 기도하다
7. operate / 작동하다
8. publish / 출판하다, 발표하다
9. rather / 오히려
10. steal / 훔치다
11. local / 지방의, 고장의
12. mainly / 주로, 대개
13. oyster / 굴
14. patch / 헝겊조각, 안대
15. squeeze / 짜다, 짜내다
16. possible / 가능한
17. refer / 언급하다, 조회하다
18. turkey / 칠면조
19. via / …을 경유로
20. slave / 노예
21. wild / 야생의, 거친
22. request / 요구
23. scientific / 과학적인
24. rule / 규칙
25. serious / 심각한, 진지한
26. trade / 무역(하다)
27. press / 누르다
28. temperature / 온도, 기온
29. spank / 찰싹 때리다
30. mild / 온화한

Dictation 5

1. broadcast / 방송하다
2. certain / 확실한
3. adjust / 조절하다
4. cricket / 크리켓
5. definition / 정의, 한정
6. knot / 매듭
7. depend / 의지하다
8. appearance / 생김새, 출현
9. huge / 거대한
10. indeed / 정말, 참으로
11. athletic / 운동의
12. better / 차도가 있는
13. charity / 자비, 자선
14. awake / 깨어 있는, 깨우다
15. conductor / 지휘자, 안내자
16. dew / 이슬
17. correct / 옳은, 정확한
18. dough / 가루 반죽
19. education / 교육, 양성
20. discover / 발견하다
21. erupt / 분출하다
22. factory / 공장
23. dot / 점, 소량
24. effect / 영향, 효과
25. float / 뜨다, 표류하다
26. genius / 천재
27. harm / 해, 손해
28. friendship / 우정, 친선
29. hockey / 하키
30. invite / 초대하다

Dictation 6

1. roam / 거닐다, 돌아다니다
2. mission / 임무, 사명
3. native / 출생지의, 본국의
4. orbit / 궤도(를 돌다)
5. rubble / 벽돌 조각
6. tightly / 단단히
7. normal / 보통의, 정상의
8. traditional / 전통적인
9. volcano / 화산
10. wisdom / 지혜, 슬기로움
11. require / 필요로 하다
12. scream / 소리치다
13. rude / 무례한
14. shake / 흔들다
15. pardon / 용서(하다)
16. smart / 똑똑한
17. pleasant / 좋은, 즐거운
18. least / 최소, 최저
19. species / 종, 종류
20. lift / 들어올리다
21. major / 주요한
22. lower / 아래쪽의
23. merry / 명랑한, 유쾌한
24. prize / 상, 상품
25. reach / 닿다, 도달하다
26. microscope / 현미경
27. refuse / 거절하다
28. steel / 강철, 스틸
29. terrific / 대단한, 아주 좋은
30. sudden / 돌연(한)

Dictation 7

1. crumb / 빵 부스러기
2. decline / 사절하다
3. image / 모습, 꼭 닮음
4. boring / 지루한
5. insect / 곤충
6. bound / …행의, 경계
7. cattle / 소, 가축
8. bulb / 구, 전구
9. cheat / 속이다
10. affect / 영향을 주다
11. harmony / 조화, 화합
12. billion / 10억
13. fume / 가스, 매연
14. health / 건강
15. chore / 잡일, 허드렛일
16. bitter / 쓴, 쓰라린
17. convenient / 편리한
18. interaction / 상호작용
19. length / 길이
20. delay / 지체하다, 미루다
21. level / 수준, 수평
22. doubt / 의심, 의혹
23. effort / 노력, 수고
24. lunar / 달의, 태음의
25. evil / 나쁜, 사악한
26. fellowship / 장학금, 연구비
27. harmful / 해로운
28. fold / 접다
29. honest / 정직한
30. identification / 신원 확인

Dictation 8

1. storage / 저장, 창고
2. probable / 있음직한, 예상되는
3. survey / 조사, 검사
4. race / 인종, 종족
5. spoil / 망쳐놓다
6. reaction / 반응, 반작용
7. stream / 시내, 개울
8. regard / 인사, 주목, 관심
9. secretary / 비서
10. multiply / 곱하다, 늘리다
11. structure / 구조, 조직
12. neither / 어느 쪽도 …아니다
13. spill / 엎지르다
14. occupation / 직업, 업무
15. pirate / 해적
16. share / 공유하다, 분배하다
17. measure / 재다, 측정하다
18. praise / 칭찬하다
19. shelter / 피난 장소, 은신처
20. response / 응답, 대답
21. spicy / 향(신)료를 넣은
22. tremble / 떨다
23. subject / 과목, 주제
24. twist / 꼬다, 뒤틀다
25. suppose / 추측하다, 가정하다
26. upside / 윗면, 위쪽
27. whole / 전부의, 모든
28. summarize / 요약하다
29. textbook / 교과서
30. subtract / 빼다, 감하다

Dictation 9
Unit 25 ~ Unit 27

1. cabbage / 양배추, 캐비지
2. assistant / 조수, 보조자
3. blame / 비난하다
4. celebrate / 경축하다, 기리다
5. dash / 돌진하다
6. contact / 접촉하다, 연락하다
7. depart / 출발하다
8. cheek / 뺨, 볼
9. exactly / 정확하게, 엄밀히
10. comprehension / 이해, 이해력

11. abbey / 수도원
12. couch / 침상, 소파
13. against / …에 기대어, 반대하여
14. difficulty / 곤란, 어려움
15. argue / 논하다, 논쟁하다
16. disgusting / 구역질 나는, 역겨운
17. electronic / 전자의
18. failure / 실패
19. horror / 공포, 전율
20. inner / 안의, 내부의

21. kingdom / 왕국
22. hunt / 사냥하다
23. labor / 노동
24. figure / 숫자, 계산
25. garbage / 쓰레기
26. force / 힘, 강압
27. graze / 풀을 뜯어먹다
28. hatch / 까다, 부화하다
29. forecast / 예상, 예측
30. grateful / 고마워하는

Dictation 10
Unit 28 ~ Unit 30

1. personal / 개인의, 사적인
2. ounce / 온스
3. package / 포장, 꾸러미
4. lump / 덩어리, 혹
5. predict / 예언하다
6. region / 지역, 지방
7. message / 전갈, 메시지
8. prove / 증명하다
9. rapid / 빠른, 신속한
10. phrase / 구, 관용구

11. reality / 진실, 사실
12. soldier / 군인, 병사
13. mayor / 시장, 읍장
14. notice / 알아채다, 주의하다
15. result / 결과
16. operation / 수술, 운영, 조작
17. policy / 정책, 방침
18. religious / 종교적인, 신앙의
19. statement / 진술, 성명
20. modern / 현대의, 근대의

21. stretch / 뻗다, 늘이다
22. tour / 관광 여행
23. vow / 맹세, 서약
24. wealth / 부, 재산
25. trousers / 바지
26. worth / 가치가 있는
27. rescue / 구조하다
28. saint / 성인
29. ruin / 망쳐놓다, 파괴하다
30. shock / 충격, 쇼크

Dictation 11
Unit 31 ~ Unit 33

1. likely / …할 것 같은
2. knowledge / 지식, 학식
3. lend / 빌려주다
4. manage / 다루다, 관리하다
5. loyal / 충실한
6. marriage / 결혼
7. allow / 허락하다
8. mess / 어수선함, 혼란
9. arrival / 도착, 도달
10. blank / 빈, 공백의

11. cradle / 요람
12. debate / 토론, 논쟁
13. branch / 가지
14. comedy / 희극, 코미디
15. depressed / 우울한, 풀이 죽은
16. complaint / 불평
17. dimension / 치수, 차원
18. emperor / 황제, 제왕
19. dislike / 싫어하다
20. exist / 존재하다

21. future / 미래, 장래
22. greenhouse / 온실
23. handicap / 핸디캡, 신체장애
24. informal / 비공식의
25. experiment / 실험, 시험
26. fashionable / 유행의
27. ingredient / 재료, 성분
28. frame / 뼈대, 틀, 골격
29. issue / 문제, 발행
30. kindergarten / 유치원

Dictation 12
Unit 34 ~ Unit 36

1. northern / 북쪽에 있는
2. mistake / 실수, 잘못
3. percent / 퍼센트
4. necklace / 목걸이
5. organization / 조직, 기구
6. patient / 인내심이 강한
7. reuse / 다시 사용하다
8. pity / 유감스러운 일, 동정
9. romance / 로맨스, 열애
10. sense / 감각, 느낌

11. rapidly / 빠르게, 신속히
12. plow / (쟁기로) 갈다
13. shuttle / 왕복 운행
14. tax / 세, 세금
15. proverb / 속담, 격언
16. raise / 기르다, 올리다
17. tourist / 관광객, 여행자
18. relax / 쉬다, 피로를 풀다
19. soul / 영혼, 넋
20. trick / 묘기, 재주

21. recipe / 조리법, 비법
22. truth / 사실, 진실
23. upset / 화나게 하다, 뒤집어엎다
24. valuable / 귀중한, 귀한
25. weigh / 무게가 나가다
26. zoologist / 동물학자
27. statue / 상, 조상
28. recommend / 추천하다
29. succeed / 성공하다
30. thread / 실, 바느질 실